统计分析系列

SAS 统计分析简明教程

朱 钰 主 编
李 勇 副主编
张鹤鸣 林 喆 薛涵予 编

電子工業出版社
Publishing House of Electronics Industry
北京·BEIJING

内 容 简 介

本书全面、简要地介绍 SAS 操作界面，SASbase 模块、SASstat 模块等程序模块，以及 SASassist、SASinsight、SASanalyst 等菜单操作模块，并用真实数据案例辅助 SAS 教学。具体包括初识 SAS、SAS 数据、数据管理、单变量简单汇总和概括、假设检验(介绍简单的程序操作，用实例加以说明)、双/多变量关系分析(介绍简单的程序操作，用实例加以说明)、SAS/ANALYST、SAS/ASSIST。所有实例、典型案例和习题的数据文件，电子教案，以及思考与练习题的参考答案，可登录华信教育资源网 www.hxedu.com.cn 免费下载。

本书可作为高等院校统计及经管类专业本科生、硕士生教材，也可供从事统计分析和决策的各领域工作者学习参考。

图书在版编目 (CIP) 数据

SAS 统计分析简明教程 / 朱钰主编．— 北京：电子工业出版社，2017.1
(统计分析系列)
ISBN 978-7-121-29402-0

I．①S… II．①朱… III．①统计分析－应用软件－高等学校－教材 IV．①C819

中国版本图书馆 CIP 数据核字(2016)第 164075 号

策划编辑：秦淑灵
责任编辑：秦淑灵
印　　刷：北京盛通数码印刷有限公司
装　　订：北京盛通数码印刷有限公司
出版发行：电子工业出版社
　　　　　北京市海淀区万寿路 173 信箱　　邮编：100036
开　　本：720×1000　1/16　印张：9.25　字数：192 千字
版　　次：2017 年 1 月第 1 版
印　　次：2025 年 8 月第 5 次印刷
定　　价：29.00 元

凡所购买电子工业出版社图书有缺损问题，请向购买书店调换。若书店售缺，请与本社发行部联系，联系及邮购电话：(010)88254888，88258888。

质量投诉请发邮件至 zlts@phei.com.cn，盗版侵权举报请发邮件至 dbqq@phei.com.cn。

本书咨询联系方式：qinshl@phei.com.cn。

前　　言

SAS 软件(Statistical Analysis System)是著名的统计分析软件之一。SAS 自诞生以来，经过不断地发展，已由最初的统计分析系统演变成为大型的集成应用软件系统。SAS 灵活方便、功能齐全，在国际上被誉为数据分析的标准软件。在充斥着大量数据资料等待处理的信息时代，SAS 系统在医学、心理学、生物学、经济学、体育、农业、商业、金融等领域中得到越来越广泛的应用。

本书在编写上，始终贯彻实用性为主的指导思想。不同于市面上仅仅以统计分析方法主线为依据编写的 SAS 软件教程，也非完全按照 SAS 软件菜单逐个介绍形成的使用手册。本书结合了上述两种编写的特点，以基本的统计分析为主线，同时注重介绍 SAS 软件的不同操作模块，便于读者更容易、更快速地掌握 SAS 软件的使用。

本书内容以 SAS 9.2 中文版为操作平台，介绍了具体的数据分析和处理方法。主要内容包括 SAS 系统简介、SAS 数据集和数据库的建立、SAS 数据管理、单变量简单汇总和概括、双/多变量关系分析以及如何利用 SAS 的 ASSIST 模块、ANALYST 模块、INSIGHT 模块进行基本的统计分析。熟悉 SAS 编程的读者，可以按目录顺序研读；不熟悉 SAS 编程的读者可以在阅读完第 4 讲后直接跳至第 8 讲，了解 SAS 系统的菜单操作法。

本书侧重于统计分析与 SAS 软件操作相结合的应用。因此在书中每个章节中只简要介绍了基本概念和统计分析方法，没有对统计方法的原理作详细介绍。有关统计方法原理的知识，读者可以参考相关的书籍。

本书由西安财经学院朱钰任主编，重庆工商大学李勇任副主编；全体参编人员都参与了对全书内容的讨论和规划。第 1 讲由朱钰提供初稿；第 2 讲由李勇提供初稿；第 3 讲、第 4 讲由薛涵予提供初稿；第 5 讲、第 6 讲由张鹤鸣提供初稿；第 7 讲、第 8 讲由林喆提供初稿；第 9 讲、第 10 讲由张鹤鸣、林喆和薛涵予提供初稿。

西安财经学院统计学研究生张娟、王一维、孙媛、王恬、申燚均参加了编写过程中的讨论、资料搜集、校对等工作。在此一并致谢。

由于编者水平所限，书中难免有错漏之处，欢迎广大读者批评指正，并希望提出宝贵的意见。

朱　钰

2016 年 11 月

目　　录

第 1 讲　初识 SAS……1

1.1　SAS 简介……1

1.1.1　SAS 简介……1

1.1.2　SAS 系统结构组成……1

1.2　SAS 的启动和退出……2

1.2.1　如何启动 SAS……2

1.2.2　如何退出 SAS……3

1.3　SAS 菜单……3

1.3.1　菜单栏……3

1.3.2　工具栏……7

1.3.3　状态栏……8

1.4　SAS 窗口……8

1.4.1　资源管理器窗口(Explorer)……9

1.4.2　结果窗口(Results)……9

1.4.3　程序编辑窗口(Editor)……9

1.4.4　增强型编辑器窗口(Enhanced Editor)……9

1.4.5　日志窗口(Log)……9

1.4.6　输出窗口(Output)……9

1.5　运行 SAS 的两种方法……10

1.6　本讲小结……10

第 2 讲　SAS 数据……11

2.1　SAS 数据库和数据集……11

2.1.1　临时数据库和永久数据库……11

2.1.2　临时数据集和永久数据集……12

2.2　创建 SAS 数据集……12

2.2.1　用菜单法创建数据集……12

2.2.2　用编程法创建数据集……14

2.3　导入外部数据……16

2.3.1　外部数据……16

2.3.2 外部数据的导入 …… 16
2.4 本讲小结 …… 19

第 3 讲 数据管理Ⅰ …… 20
3.1 数据整理 …… 20
3.1.1 增加/删除变量 …… 20
3.1.2 设置变量的顺序和标签 …… 25
3.1.3 设置变量值的显示格式和标签 …… 25
3.1.4 对变量值排序 …… 27
3.2 数据子集的生成 …… 28
3.3 数据合并 …… 30
3.4 本讲小结 …… 33

第 4 讲 数据管理Ⅱ …… 34
4.1 数据审核 …… 34
4.1.1 数据查错 …… 34
4.1.2 检查逻辑关系 …… 35
4.1.3 数据修正 …… 37
4.2 数据变换 …… 39
4.2.1 数据函数变换 …… 39
4.2.2 数据标准化 …… 43
4.3 本讲小结 …… 44

第 5 讲 单变量简单汇总和概括 …… 45
5.1 频数分析 …… 45
5.1.1 频数分布表 …… 45
5.1.2 频数分布图示 …… 50
5.2 计算描述统计量 …… 54
5.2.1 集中趋势 …… 54
5.2.2 离散趋势 …… 56
5.2.3 分布形状 …… 57
5.3 本讲小结 …… 59

第 6 讲 参数估计和假设检验 …… 60
6.1 参数估计 …… 60
6.2 假设检验 …… 61
6.2.1 单样本 T 检验 …… 61

6.2.2 配对样本 T 检验 ······ 62
6.2.3 独立样本的 T 检验 ······ 64
6.3 本讲小结 ······ 65

第 7 讲 双/多变量关系分析 ······ 66
7.1 列联分析 ······ 66
7.2 方差分析 ······ 68
7.2.1 单因素方差分析 ······ 68
7.2.2 双/多因素方差分析 ······ 72
7.3 相关与回归分析 ······ 74
7.3.1 相关分析 ······ 74
7.3.2 回归分析 ······ 76
7.4 本讲小结 ······ 79

第 8 讲 SAS/ASSIST ······ 80
8.1 ASSIST 界面简介 ······ 80
8.1.1 ASSIST 模块的启动 ······ 80
8.1.2 ASSIST 模块的菜单 ······ 82
8.2 用 ASSIST 进行假设检验 ······ 85
8.2.1 配对样本 T 检验 ······ 85
8.2.2 独立样本的 T 检验 ······ 86
8.3 用 ASSIST 进行多变量关系分析 ······ 87
8.3.1 方差分析 ······ 88
8.3.2 相关分析 ······ 90
8.3.3 回归分析 ······ 92
8.4 本讲小结 ······ 93

第 9 讲 SAS/ANALYST ······ 94
9.1 ANALYST 界面简介 ······ 94
9.1.1 ANALYST 窗口的启动 ······ 94
9.1.2 ANALYST 窗口的菜单 ······ 95
9.2 用 ANALYST 进行描述性统计分析 ······ 98
9.2.1 通过“汇总统计量”菜单进行描述性统计分析 ······ 99
9.2.2 通过“分布”菜单进行描述性统计分析 ······ 102
9.3 用 ANALYST 进行假设检验 ······ 104
9.3.1 单样本 T 检验 ······ 104

9.3.2 配对样本 T 检验 …… 105
9.3.3 独立样本的 T 检验 …… 106
9.4 用 ANALYST 进行多变量关系分析 …… 107
9.4.1 列联分析 …… 107
9.4.2 方差分析 …… 109
9.4.3 相关分析 …… 112
9.4.4 回归分析 …… 114
9.5 本讲小结 …… 119
第 10 讲 SAS/INSIGHT …… 120
10.1 INSIGHT 模块简介 …… 120
10.1.1 INSIGHT 窗口的启动 …… 120
10.1.2 INSIGHT 窗口的菜单 …… 121
10.2 利用 INSIGHT 模块实现描述性统计分析 …… 123
10.3 利用 INSIGHT 模块实现参数估计和假设检验 …… 125
10.3.1 参数估计 …… 125
10.3.2 单样本 T 检验 …… 126
10.3.3 配对样本 T 检验 …… 127
10.4 利用 INSIGHT 模块实现变量间关系分析 …… 128
10.4.1 方差分析 …… 128
10.4.2 相关分析 …… 130
10.4.3 回归分析 …… 131
10.5 本讲小结 …… 136
参考文献 …… 137

第 1 讲　初识 SAS

1.1　SAS 简介

1.1.1　SAS 简介

SAS（Statistics Analysis System）是目前国际上权威的统计分析软件之一，是一款大规模的集成统计专业应用软件系统，具有完备的数据存取、管理、分析和展示等功能。SAS 系统被誉为国际上的标准数据分析软件系统。不论是复杂的还是简单的工作，SAS 都可以满足用户的需要，SAS 系统在世界范围内被广泛应用于政府、科研、教育和生产等不同的领域，发挥着巨大的作用。

SAS 公司迄今为止已经历了 30 多年的发展历程：1966—1975 年，美国北卡罗来纳州州立大学的两位研究生开发了用于统计分析的软件，即 SAS 软件的雏形；1976 年成立美国 SAS 软件研究所，SAS 软件的第一个商业版本 Base SAS 发布；1980 年，在 Gary 小镇建立了全球总部；1985 年，SAS 开设了香港和日本分公司；1990 年，SAS 在中国内地的第一个办事处在北京设立；1996 年，SAS 成立专门服务部门为客户提供咨询服务，发布了版本 6.12；1999 年，SAS Version7 发布，宣布停止对 DOS 版本的支持；2000 年，SAS Version8 发布，支持 Linux 操作系统；2003 年，引入全新的 SAS 9 构架，发布 SAS 9.1；2005 年，SAS 9.1.3 发布，推出 SAS 零售业智能管理解决方案；2007 年，SAS 用户大会改名为 SAS 全球论坛，在 Orlando 盛大举行，参与用户人数超过 3600 名；2008 年，SAS 9.2 发布；2016 年 2 月，SAS 9.4 发布。至今，SAS 的规模和全球影响力仍在扩大。

1.1.2　SAS 系统结构组成

SAS 系统是由众多产品组成的模块化的大型集成系统，其中 Base SAS 是 SAS 系统的基础核心。

下面对 SAS 系统中的一些模块进行简要的介绍。

(1) Base SAS。这是 SAS 系统的基础，提供 SAS 数据库管理的功能，所有其他的模块必须与之结合起来使用。模块中的一些基本过程和 SAS 函数能够完成基本的统计计算。

(2) SAS/STAT。这是一个完整可靠的统计分析模块。包括回归分析、方差分析、属性数据分析、多变量分析、判别分析、聚类分析等 9 类共 40 多个过程。

(3) SAS/ETS。这是用于计量经济与时间序列分析的专用模块。利用该模块可建立各种统计模型，进行所关心系统的模拟和预测。

(4) SAS/OR。这是用于运筹学和工程管理的专用模块。

(5) SAS/QC。这是用于质量控制的模块。

(6) SAS/IML。这是用于矩阵运算的模块。

(7) SAS/GRAPH。这是一个强大的绘图模块。它拥有多种绘图功能，如直方图、饼图等。除此之外，还可以对图形进行编辑操作。

(8) SAS/FSP。这是用来进行数据处理的交互式菜单系统。可以进行数据输入、编辑、查询等。

(9) SAS/AF。这是用于开发各种功能强大的应用系统的工具。

(10) SAS/ASSIST。该模块为 SAS 系统提供了面向任务的菜单驱动界面。

(11) SAS/EIS。该模块是 SAS 系统中采用新兴的面向对象的编程模式的又一个开发工具。

(12) SAS/ACCESS。该模块是对目前许多流行病数据的接口集，它提供的与外部数据库的接口是透明和动态的。

(13) SAS/CALC。这是一个功能完善的多维电子表格模块。

(14) SAS/INSIGHT。该模块为可视化数据探索工具。

1.2 SAS 的启动和退出

1.2.1 如何启动 SAS

SAS 9.2 安装完成后，双击桌面上的“SAS 9.2”快捷方式或者打开“开始”菜单→“所有程序”→“SAS”→“SAS 9.2”，即可启动 SAS 系统。打开 SAS 窗口，如图 1-2-1 所示。

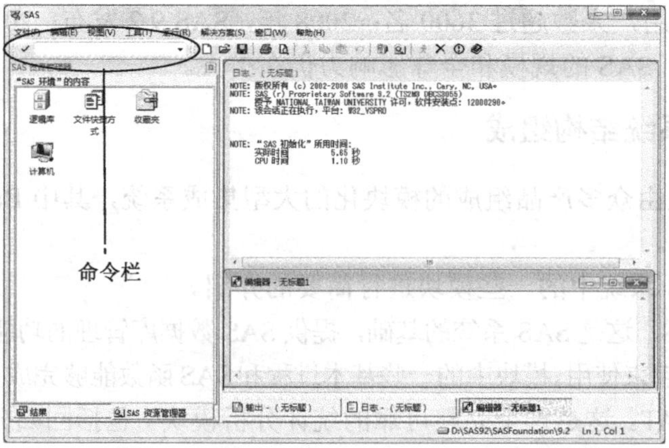

图 1-2-1 “SAS”窗口

1.2.2　如何退出 SAS

工作完成之后要退出 SAS，可以使用下列方法：选择菜单“文件”→“退出”；直接单击 SAS 主界面右上角的“关闭”按钮，SAS 会弹出确认对话框，单击“确定”按钮即可退出系统；在窗口的命令栏(见图 1-2-1)上输入“ENDSAS”或“BYE”，可直接退出系统。

1.3　SAS 菜单

启动 SAS 系统后，SAS 主界面如图 1-3-1 所示。下面将依次介绍界面中的菜单栏、工具栏及状态栏。

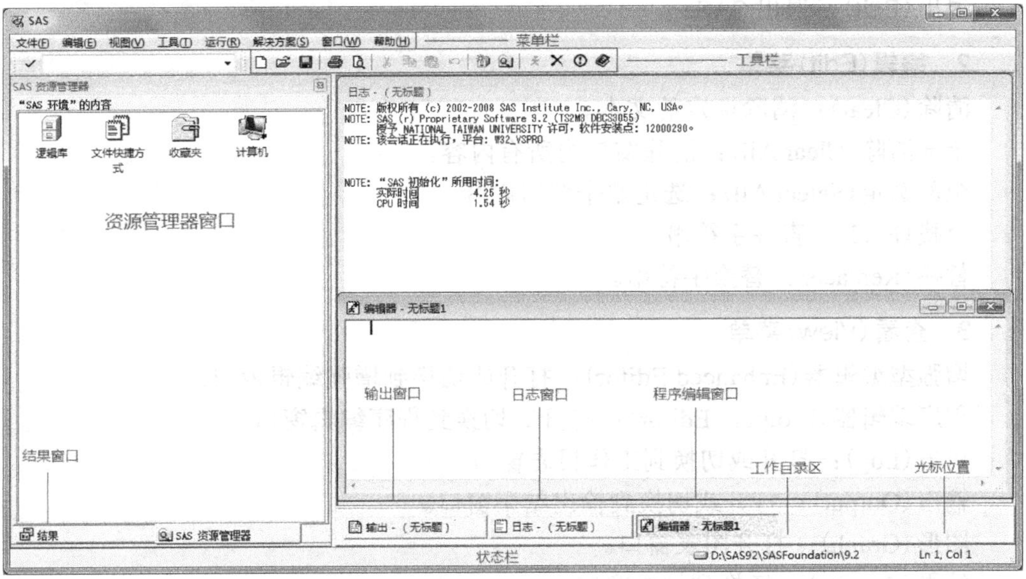

图 1-3-1　SAS 主界面

1.3.1　菜单栏

SAS 主界面菜单栏如图 1-3-2 所示。

图 1-3-2　菜单栏

1. 文件(File)菜单

新建(New Program)：建立新的文件。

打开(Open Program)：打开外部文件到程序编辑窗口。

关闭(Close)：关闭当前窗口。

追加(Append)：调入其他的 SAS 文件到当前程序编辑窗口。

打开对象(Open Object)：打开需要的对象。

保存(Save)：存储当前文件。

另存为(Save As)：将当前窗口内容保存到另外的文件中。

另存为对象(Save As Object)：将当前窗口的内容作为对象保存。

导入数据(Import Data)：启动 SAS 的导入向导，将其他格式的数据转换为 SAS 数据。

导出数据(Export Data)：启动导出向导，输出 SAS 数据集为其他文件格式。

发送邮件(Send Mail)：发送电子邮件并将当前窗口内容作为附件。

退出(Exit)：退出 SAS。

2. 编辑(Edit)菜单

清除(Clear)：清除选定的文本。

全部清除(Clear All)：清除窗口内所有内容。

全部选定(Select All)：选定整个窗口内容。

查找(Find)：查找字符串。

替换(Replace)：替换字符串。

3. 查看(View)菜单

增强型编辑器(Enhanced Editor)：打开或切换到增强编辑窗口。

程序编辑器(Program Editor)：打开或切换到程序编辑窗口。

日志(Log)：打开或切换到工作日志窗口。

输出(Output)：打开或切换到输出结果窗口。

图形(Graph)：打开图表窗口。

结果(Results)：切换到结果窗口。

SAS 资源管理器(Explorer)：切换到资源浏览窗口。

收藏夹(My Favorite Folders)：打开我的收藏夹窗口。

4. 工具(Tools)菜单

查询(Query)：查询数据集。

表编辑器(Table Editor)：数据集编辑器。

定制(Customize)：对 SAS 界面进行个性化设置。

选项(Options)：选项设置，用于重新设定系统的一些参数，如字体、颜色、系统功能键等。

5. 运行(Run)菜单

提交(Submit)：提交程序编辑窗口中的程序。

重新调用上一次提交(Recall Last Submit)：将上次提交的代码显示在程序编辑窗口中。

提交第一行(Submit Top Line)：提交程序编辑窗口中的第一行内容。

提交 N 行(Submit N Lines)：提交程序编辑窗口中的 N 行内容。

登录(Sign on)：用于连接远程主机。

注销(Sign off)：断开与远程主机的连接。

6. 解决方案(Solutions)菜单

分析(Analysis)：利用图形界面操作进行的分析。

分析菜单包括如下子菜单。

- 分析家(Analyst)：打开 STAT/Analyst 模块，可以完成输入数据及统计分析的全过程。
- 地理信息系统(Geographic Information System)：打开 SAS/GIS 模块，利用它可显示分析的图或其他一些特别的数据，如人口统计、住房密度、交通状况等。
- 向导式数据分析(Guided Data Analysis)：打开 SAS/LAB 模块，可以执行回归、方差分析等标准分析并对结果进行解释。
- 交互式数据分析(Interactive Data Analysis)：打开 SAS/INSIGHT 模块，这里提供多种图形显示，可进行关于变量分布、相关、主成分、广义线性模型等分析。
- 质量改善(Quality Improvement)：打开 SQC 模块，提供了不需编程的质量管理图表和分析。
- 时间序列预测系统(Time Series Forecasting System)：打开 FORECASTING 模块，用于建立时间序列模型，可以自动建模和预报。
- 实验设计(Design of Experiment)：打开 ADX 模块。
- 项目管理(Project Management)：打开 PROJMAN 模块等。

开发和编程(Development and Programming)：开发与应用。

- 选择 EIS/OLAP 应用程序生成器可以启动 SAS/EIS，用它可以创建图形界面的信息传递系统，从系统中提取各种原始信息，经过分析后以报表和图表的形式呈现给决策层。
- Class Browse(类浏览器)：可以查看类之间的关联以及某个类中的方法及其实例。
- Source Control Manager(源控件管理器)：是 SAS 中辅助应用程序开发管理相关文件的工具，它包含在 SAS/AF 模块中。

报表(Reporting)：从数据集建立报表。选择 EIS/OLAP Report Gallery(EIS/OLAP 报表库)可采用 SAS 已经设计好的报表和图形样式。用户也可以选择 Design Report (设计报表)自行设计报表。

附件(Accessories)：SAS 的一些附属功能。

选择 Graphic Test Pattern(图形测试图案)运行 SAS/GRAPH 的 GTESTIT 过程，产生图形系统的测试页。Registry Editor(注册表编辑器)允许用户编辑 SAS 的注册信息，从而可以使 SAS 窗口环境个性化。用户也可以在 SAS 命令编辑栏中输入“REGEDIT”进入注册编辑窗口。

ASSIST：这是 SAS 提供的一个不需编程就能使用 SAS 的数据管理、报表生成、数据分析、作图、投资计划等功能的菜单项，以填表方式调用各个 SAS 过程及设置的图形菜单软件模块。还可以自动生成 SAS 代码供用户学习。

桌面(Desktop)：进入 SAS 桌面，这是 SAS 公司仿照 Windows 操作系统做的一个系统管理界面。

- 桌面浏览(Desktop Explorer)可以查看各个库(Library)的内容。
- 数据访问与管理组(Data Access and Management)提供了几个比较新的数据输入、转换、查询等界面的入口。
- 报表组(Reporting)提供了查询数据和设计报表的入口。
- 演示组(Presentation)提供了制作演示图形、图像及视频放映的工具。
- 分析组(Analysis)包括统计分析、交互数据分析、向导型数据分析、市场调查、质量改进、投资分析、时间序列查看器、三维直观分析、试验设计、项目管理等。
- 桌面(Desktop)中还包括应用开发组、编程工具组、附件组等。

EIS/OLAP 应用程序生成器：用于启动 SAS/EIS。

7. 窗口(Window)菜单

层叠(Cascade)：层叠窗口。

调整大小(Size Docking View)：改变窗口尺寸。

8. 帮助(Help)菜单

使用该窗口(Using This Window)：关于当前窗口的帮助。

SAS 帮助和文档(SAS Help and Documentation)：SAS 帮助。这是 SAS 非常重要的一个菜单。其内容包括 SAS 手册上的几乎所有内容，并包含大量的示例程序(带数据)，帮助初级用户学习使用 SAS 程序。

SAS 软件入门(Getting Started with SAS Software)：循序渐进地教用户使用 SAS 软件。

学习 SAS 程序(Learning SAS Programming)：如果拥有 License，可以在线学习 SAS。

SAS 网站(SAS on the Web)：连接到 SAS 公司的在线支持。

关于 SAS(About SAS)：显示 SAS 的版本说明。

1.3.2　工具栏

对于一些常见的任务，直接用鼠标左键单击工具栏中的图标即可完成，不需要调用菜单。把鼠标指向图标并停留几秒可以看到其功能显示，依次为“新建、打开、保存、打印、打印预览、剪切、复制、粘贴、撤销、添加新库、程序窗口、管理器、提交、中断任务、帮助。

工具栏里的工具图标大部分属于视窗软件的常用工具，这里不做过多的介绍，只选择 SAS 独有的工具进行介绍。

图 1-3-3　工具栏

1．添加新库

什么是“库”？库是 SAS 逻辑库的简称，就是 SAS 软件中存储各种文件的文件夹，英文为“library”，它包括数据文件夹和帮助文件夹。数据文件夹又包含永久性数据库和临时性数据库。关于 SAS 逻辑库将在第 2 讲进行较为详细的介绍。

单击“添加新库”图标，系统会弹出如图 1-3-4 所示的对话框。在“名称”域中输入新的逻辑库名。在“路径”域中填入新建逻辑库所对应的文件夹，用户还可以单击“浏览”按钮浏览文件夹并进行选定。单击“引擎”下拉列表框可以选择库的引擎，一般建议选择“默认”。如果选中“启动时引用”复选框，则这个新建的逻辑库会在每次 SAS 启动时自动启用。设定以上信息后单击“确定”按钮，新的逻辑库建成。

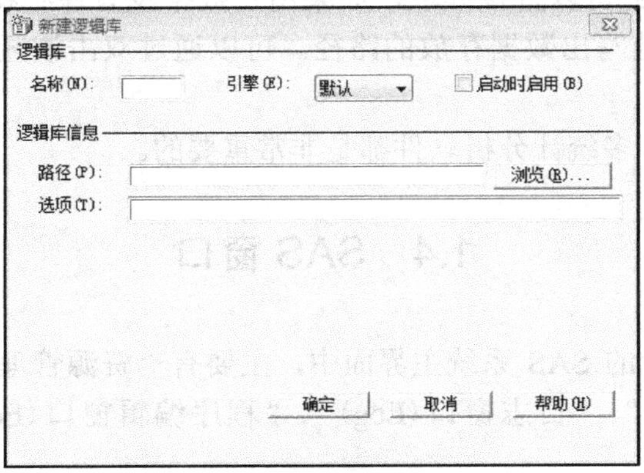

图 1-3-4　“新建逻辑库”对话框

2. 中断任务

SAS 用户的程序有时会出现错误，有些错误会导致 SAS 不再理睬后面的程序。用户经常会遇到这样的问题，程序一旦出错，后面即使改正了，也还是无法运行。这时候，就要用到“中断任务”这个工具了。具体的操作就是单击工具栏中的中断任务图标，弹出如图 1-3-5 所示“任务管理器”对话框，选择“1.取消提交的语句”撤销已提交的语句，SAS 就可以正常工作了。当然，如果选择“T.终止 SAS 系统”，再重启 SAS，上述问题也会解决。但是，注意一定要保存好前面编写好的程序、数据以及计算结果等。这显然不是最佳的解决办法。

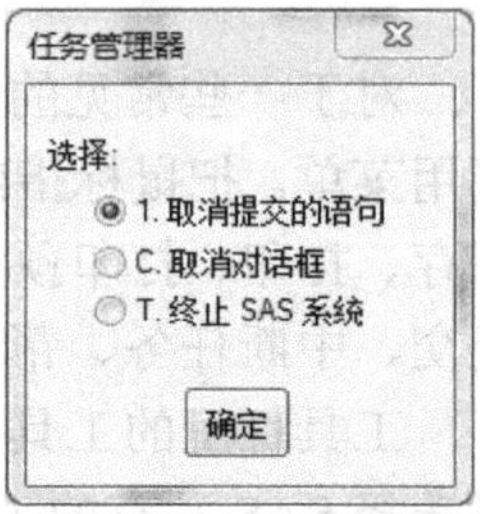

图 1-3-5 “任务管理器”对话框

1.3.3 状态栏

状态栏分为三个部分，最左边是消息栏，中间是工作目录区，最右边显示光标所在的位置(行、列)。对于系统在运行中发生的任何情况，在消息栏上都会显示出相应的信息。以工具栏中的“帮助”按钮为例。当将鼠标指向“帮助”按钮，系统显示“帮助”按钮的提示时，在消息栏中也同时会显示信息“Help On The SAS System”，它可以帮助用户及时了解系统所处的状态。如果用户发出了命令但没有得到预期中的结果，一定要先看看消息栏，其中通常会有出错信息或警告。工作目录区显示当前的工作目录(文件夹)，用户所做的读、写文件等操作均默认在当前文件夹中进行。双击工作目录区可改变当前文件夹。通过拖动消息栏与工作目录区间的分隔条可调整两者的显示宽度。当处于编辑状态时，状态栏的最右边会显示当前光标所在行和列坐标。

状态栏中的“工作目录”非常重要，工作目录的设置决定了 SAS 程序中数据读取语句的简繁，如果用户数据保存在工作目录中，数据读取语句就可以不用写出数据存放的路径，SAS 可以直接读取，如果用户数据没有保存在工作目录中，数据读取语句就要完整地写出数据存放的路径。可以通过双击该区域，改变 SAS 的工作目录。

工作目录对于许多统计分析软件都是非常重要的。

1.4 SAS 窗口

在图 1-3-1 所示的 SAS 系统主界面中，主要有“资源管理器窗口(Explorer)”、“结果窗口(Results)”、“日志窗口(Log)”、“程序编辑窗口(Editor)”、“输出窗口(Output)”。

1.4.1　资源管理器窗口(Explorer)

资源管理器窗口中包含四个图标，分别是：逻辑库(Libraries)、文件快捷方式(File Shortcuts)、收藏夹(Favorite Folders)和计算机(我的电脑)。

1.4.2　结果窗口(Results)

用户选择“查看”菜单中的“结果”或单击“结果”标签可以切换到结果窗口，在结果窗口中列出了 SAS 的输出过程。用户可以利用这个窗口定位和管理 SAS 输出。例如，在结果窗口中双击一个数据集便可以在输出窗口中查看该数据集中的数据，还可以右击某一个对象对其进行保存或打印操作。

1.4.3　程序编辑窗口(Editor)

程序编辑窗口是 SAS 中最常用的窗口之一，其主要功能如下：

输入并编辑文字，包括程序语句。

提交程序文件执行。

保存或回调程序。保存程序文件的扩展名是*.sas。回调程序的功能是回调已执行的 SAS 程序语句，加以修改后，再提交执行。

1.4.4　增强型编辑器窗口(Enhanced Editor)

增强型编辑器是一个 ASCII 编辑器，它使用视觉辅助系统，如不同颜色、代码分段等，帮助用户编写调试 SAS 程序。

1.4.5　日志窗口(Log)

日志窗口用于输出程序在运行时的各种有关信息。主要有程序行、提示、警告、错误等日志信息。

黑色语句：程序执行情况，在日志文件中将真实记录下每条执行的语句，并在语句前显示序号。

蓝色语句：以“NOTE”开始的程序提示语句，显示程序执行过程中的一些提示信息。

红色语句：显示程序运行过程中的错误信息，以“ERROR”开始。日志窗口的错误信息提示语句便于用户查找可能的程序错误。

绿色语句：以“WARNING”开始的警告语句。

1.4.6　输出窗口(Output)

输出窗口的主要功能是显示 SAS 计算结果，用户可以保存结果并进行修改、打印等处理。保存的结果文件扩展名为*.lst。

1.5 运行 SAS 的两种方法

在 SAS 系统中运行 SAS 软件通常有两种方式，其一是菜单法，即用户不需要编写 SAS 程序就可以直接调用 SAS 过程。事实上，当用户通过菜单法选择某些操作时，SAS 系统内部就在进行自动编程，即自动产生 SAS 程序，当用户的选择工作结束时，SAS 程序也就全部生成。从提供信息和提出要求到获得用户需要的结果，用户只须通过选择相应的菜单或按钮来实现，故称此方法为菜单驱动法。并非所有的任务都能通过此法来实现，因此，菜单驱动法有很大的局限性。其二是编程法，即用户亲自在程序编辑窗口写 SAS 程序(或直接调用别人事先写好的程序)并提交给 SAS 系统执行。

1.6 本 讲 小 结

本讲主要介绍了 SAS 软件的基本概况。SAS 软件简介与 SAS 系统结构组成，能够帮助用户了解 SAS 软件的历史和模块特点。SAS 软件的启动和退出、SAS 菜单(菜单栏、工具栏、状态栏)、SAS 窗口，以及运行 SAS 的两种方法(菜单法和编程法)，能够使用户对 SAS 软件的基本操作界面和常用功能有基本理解。本讲内容是学习 SAS 软件的前提，为后续学习打下必要的坚实基础。

第 2 讲　SAS 数据

要进行数据分析，必须先弄清楚利用 SAS 软件进行统计分析的对象是什么。本讲简要介绍了 SAS 数据库和数据集以及如何在 SAS 软件中创建数据库和数据集。并介绍了导入外部数据的方法。本讲的重点和难点均在于如何在 SAS 中创建数据库和数据集等。

2.1　SAS 数据库和数据集

2.1.1　临时数据库和永久数据库

SAS 数据集存储在被称为 SAS 数据库的文件夹中，称为逻辑库(library)，根据存储方式的不同，分为永久数据库和临时数据库。

临时数据库只有 1 个，名为 WORK。它在每次启动 SAS 系统后自动生成，关闭 SAS 时，临时库中的数据集被自动删除。临时数据库被认为是默认的数据库，在程序中引用该库中的数据集可以省略库名。

永久数据库可有多个，且库中的数据集被保存起来，再次启动系统时可以继续使用。SASUSER、SASHELP 是 SAS 自带的永久库，每次启动时都会自动显示库名，并显示其中的数据集。SASUSER 库保存与用户个人设置有关的文件，退出 SAS 时文件不会被删除。SASHELP 库保存与 SAS 帮助系统、例子有关的文件，也是永久数据库。

除了用工具栏中的“添加新库”按钮创建新的逻辑库，创建新库可以通过在资源管理器窗口右键单击来命名，或使用 LIBNAME 语句命名。下面举例讲解如何利用前两种方法创建永久数据库，假设这个数据库库名叫“mybase”。通过“创建新库”按钮创建永久性数据库的步骤已在 1.3.2.1 中介绍过，此处不再赘述。

【例 2.1.1】 利用资源管理器窗口创建

(1) 在资源管理器窗口中，双击逻辑库(library)图标；

(2) 在空白处单击右键，单击“新建”；

(3) 在“新建逻辑库”窗口中，输入库名称“mybase”，选择“启动时启用”，以便每次启动 SAS 系统时，mybase 数据库能自动加载；

(4)选择对应于这个数据库的目录(可以是计算机中的任何目录，也可创建新目录)；

(5)单击“确定”，新库建成，mybase 即出现在当前数据库列表中。

【例 2.1.2】 在程序编辑窗口用 LIBNAME 语句创建

可用 LIBNAME 语句指定永久库的库名，格式为：LIBNAME 库名“文件夹路径”。如指定“D:\SASDATA”为新库，名为“mybase”，可提交以下语句：LIBNAME mybase ‘D:\SASDATA’。注意：库名可以随意指定。

2.1.2 临时数据集和永久数据集

什么是数据集？数据集由若干个观测组成，观测的集合即数据集。

SAS 数据集分为两类，一类是临时数据集，另一类是永久数据集。临时数据集仅在当前会话期间有效，一旦退出 SAS，临时数据集就被删除。永久数据集是指存储在 SAS 外部存储介质上的数据集。

数据集的性质以数据集的名称来标识，每一个 SAS 数据集都有一个两级名称，第一级是库名，它指明该数据集所在的存储位置，第二级是数据集名，标识特定的数据集。两级名中间用“.”隔开，即“库名.数据集名”，如“work.example”，“mybase.example”。

SAS 的临时数据集全部存入库名 WORK 所对应的临时目录下，系统指定 WORK 作为临时数据集的第一级名称，通常这一级名称可以省略。而永久数据集须指定其存储位置，不能省略第一级名称，所以永久数据集必须由两级名称来标识。

2.2 创建 SAS 数据集

创建 SAS 数据集可以通过菜单法和编程法两种方法实现。

2.2.1 用菜单法创建数据集

【例 2.2.1】 利用表编辑器创建 SAS 数据集

利用表编辑器(Viewtable)可以直接创建 SAS 数据集，方法如图 2-2-1 所示：选择菜单栏中的“工具”→“表编辑器”，将打开如图 2-2-2 所示的新建空数据表文件。

【例 2.2.2】 利用资源管理器创建 SAS 数据集

打开资源管理器的逻辑库文件夹下的 WORK 子目录，在其右键弹出式菜单中单击“新建”菜单项，如图 2-2-3 所示，将打开如图 2-2-4 所示的窗口，在其中选择新建“表”。单击“确定”后将同样打开如图 2-2-2 所示的新建空数据表文件。

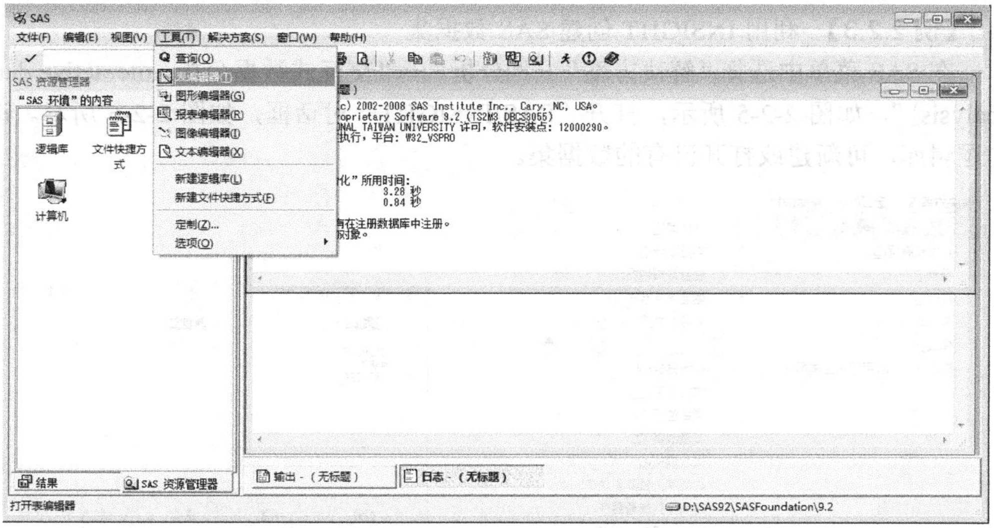

图 2-2-1　表编辑器中数据表的创建

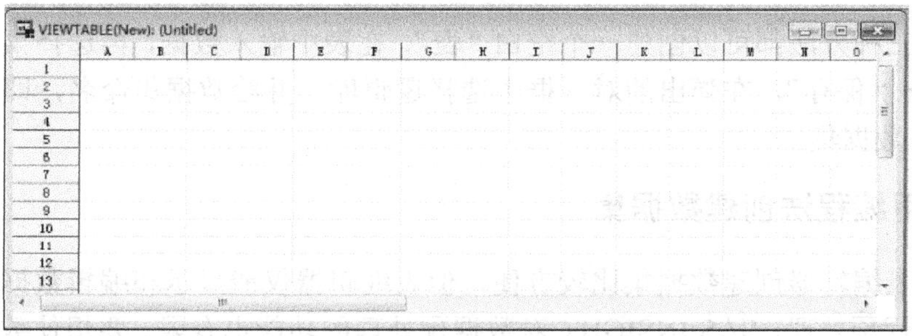

图 2-2-2　新建空数据表文件

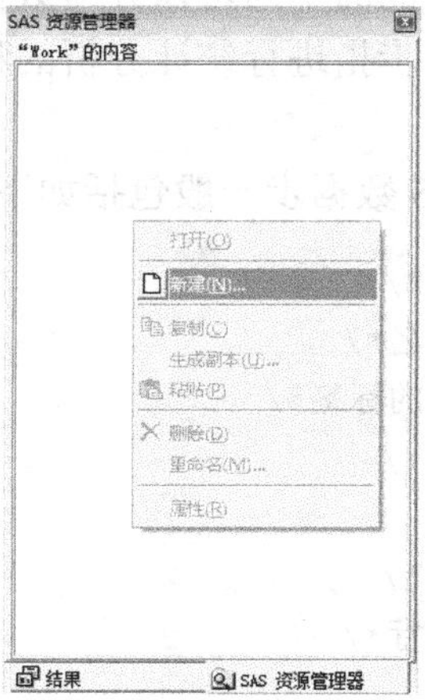

图 2-2-3　资源管理器中数据表的创建

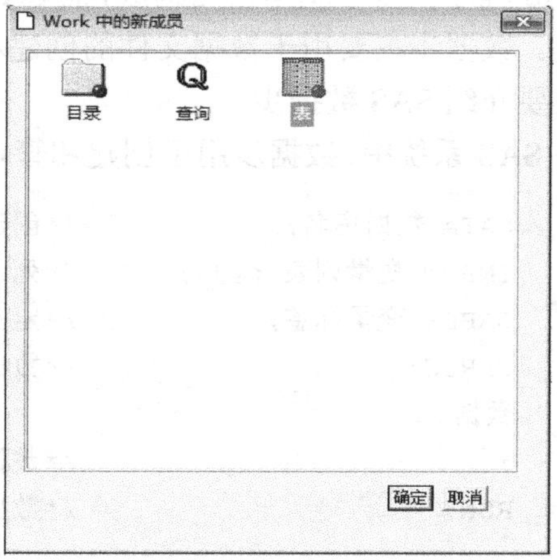

图 2-2-4　数据表的新建

【例 2.2.3】 利用 INSIGHT 创建 SAS 数据集

在 SAS 菜单中选择“解决方案”→“分析”→“交互式数据分析(interactive data analysis)”，如图 2-2-5 所示，打开“SAS/INSIGHT”对话框，如图 2-2-6 所示。选中逻辑库，可新建或打开已有的数据集。

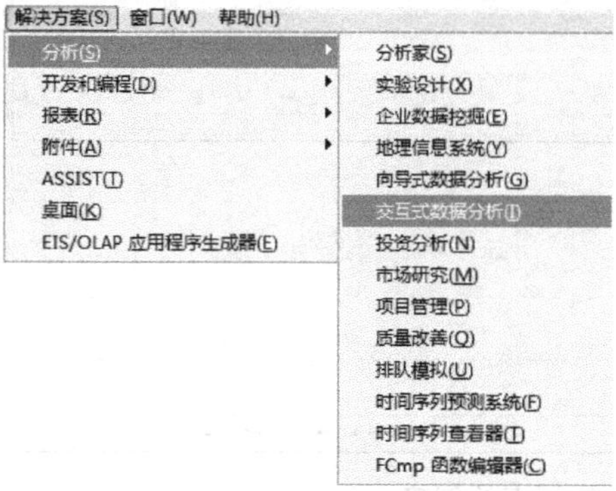

图 2-2-5 INSIGHT 中数据表的创建

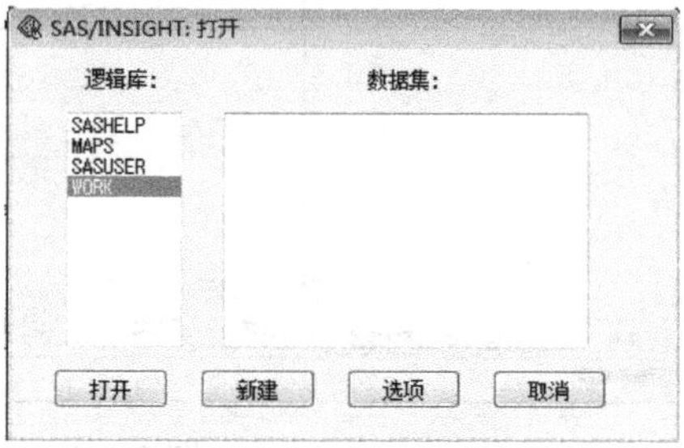

图 2-2-6 数据表的新建

以上三种方法都可以创建一个空白“表”，在表中输入数据，再选择菜单栏中的“文件”→“保存”，在弹出的对话框中选择逻辑库，并给数据集命名，即可保存为一个 SAS 数据集。

2.2.2 用编程法创建数据集

利用表编辑器创建数据集比较方便，但表编辑器仅能显示和编辑数据集，无法对数据进行预处理，SAS/INSIGHT 对数据预处理的功能也有限。要想使数据更符合统计分析的需要，必须掌握传统的创建数据集的方法，即用编程法创建数据集。

SAS 程序由多个基本语句构成，而 SAS 程序按照功能的不同可以分为数据步和过程步。数据步主要用于数据文件的创建和管理，过程步指进行统计分析的程序。此处主要介绍 SAS 数据步。

在 SAS 系统中，数据步用于创建和管理数据集，SAS 数据步一般包括如下语句：

```
DATA 数据集名;              /*创建数据集并命名*/
INPUT 变量列表 <@@>;        /*列出数据集的变量名*/
LABEL 变量标签;             /*定义数据集中变量的标签*/
CARDS;                      /*数据区的开始标识*/
数据
;                           /*数据区的开始标识*/
RUN;                        /*数据步程序提交运行*/
```

上述语句中的 DATA、INPUT、LABEL、CARDS 为 SAS 语句的关键词。

其中，DATA 语句用于指定数据集名。如果用户省略逻辑库名，创建的数据集存储在 WORK 临时逻辑库中，SAS 软件关闭后将不会存在；若数据集指定在永久逻辑库，此时数据集名应为“逻辑库名.数据集名”。

INPUT 语句用于顺序列出输入数据的变量名，各个变量之间通过空格间隔，默认情况下输入的变量为数值型。如果输入的数据为字符串型，需要在变量名后加“$”符号。INPUT 语句中的“@@”表示按照 INPUT 定义的变量顺序依次连续读入数据，无论数据分为多少行，遇到“；”时则停止数据读入。

CARDS 语句用于标识数据的开始，且输入的数据各列应与 INPUT 语句定义的变量顺序一致。数据在 CARDS 语句后开始输入，各个数据之间至少通过一个空格间隔。如果输入的数据中有缺失值，需要使用“.”标识。最后，所有数据输入完毕后，“；”分号不可以忘记。

RUN 语句用于向 SAS 系统提交数据步的程序。

【例 2.2.4】 用 CARDS 或 DATALINES 语句创建数据集

在程序编辑器中输入如下程序：

```
data score;
input x y;
cards;
34 56
78 90
35 67
89 10
23 65
77 45
;
run;
proc print;
run;
```

运行上述程序，可得到如下数据集。

Obs	x	y
1	34	56
2	78	90
3	35	90
4	89	10
5	23	65
6	77	45

用“datalines”替换“cards”可得同样结果。“Proc print; Run;”用来预览所创建的数据集。可省略。在临时数据库“work”中双击“score”亦可预览所创建的数据集。

启动 SAS 后，系统会自动创建一个临时数据存储区，用来临时存储运行 SAS 时创建或调用的 SAS 数据集。临时数据库的库名为 WORK，在 SAS 启动后自动生成，结束 SAS 后，库中的文件都会被删除。对数据库的库名不需要标注，即 SAS 程序中数据集 WORK.score 与 score 所表示的含义完全相同。即下面两个程序产生的结果完全相同：

```
data score;
input x y @@;
cards;
34 56 78 90 35 67 89 10 23 65 77 45
;
run;

data work.score;
input x y @@;
cards;
34 56 78 90 35 67 89 10 23 65 77 45
;
run;
```

2.3 导入外部数据

2.3.1 外部数据

对于 SAS 来说，数据存储按存储地址可分为两类：一类是保存在 SAS 系统外部的数据文件；另一类是存储在 SAS 逻辑库中的数据文件。

SAS 支持目前流行的大部分格式的数据文件和数据库，包括 SPSS、文本、数据库、JMP、Excel、Lotus、Access 以及 CSV 等格式的数据文件。因此，不论用户的数据以什么格式存储在计算机里，SAS 基本都可以帮助用户将数据导入到 SAS 中，进行进一步的分析处理。

2.3.2 外部数据的导入

1. 利用菜单法导入外部数据

SAS 系统支持直接录入数据，也支持外部数据的导入。但在实际的使用中，用户的数据量可能比较大，直接录入比较烦琐，同时，一般的数据文件为了便于查看处理，多以 Excel 数据文件格式存储。对于 Excel、SPSS 以及文本格式的数据，Import 是最快捷易学的数据导入方法。使用 Import 向导工具，在导入数据的同时还可输出相应程序，初学者可借此学习和 Import 过程有关的程序。这种导入方法相当于对数据进行了复制和转化。下面通过一个实例具体演示如何在 SAS 中导入 Excel 数据。

【例 2.3.1】 利用菜单法导入外部文本文件数据

(1)通过菜单中的“文件”→“导入数据”，可以打开如图 2-3-1 所示的“数据导入向导”对话框。

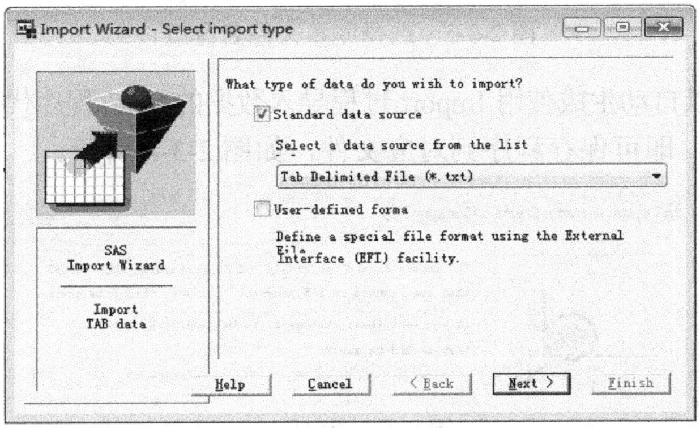

图 2-3-1 选择导入方式窗口

(2)从图 2-3-1 所示界面的下拉菜单中选择“Tab Delimited File(*.txt)”，单击“Next”按钮，会弹出“Select file”对话框，如图 2-3-2 所示，单击“Browse”按钮打开要导入的 txt 文件，之后单击“OK”按钮，进入选择库和文件名窗口，如图 2-3-3 所示。这里选择 WORK 临时库，输入数据集名“score”。

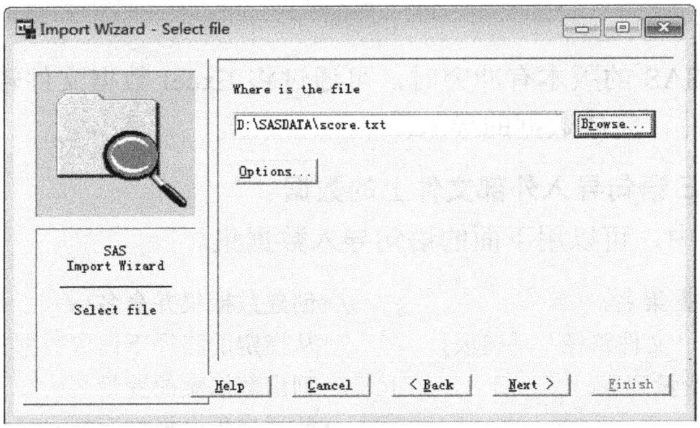

图 2-3-2 “Connect to MS Excel”对话框

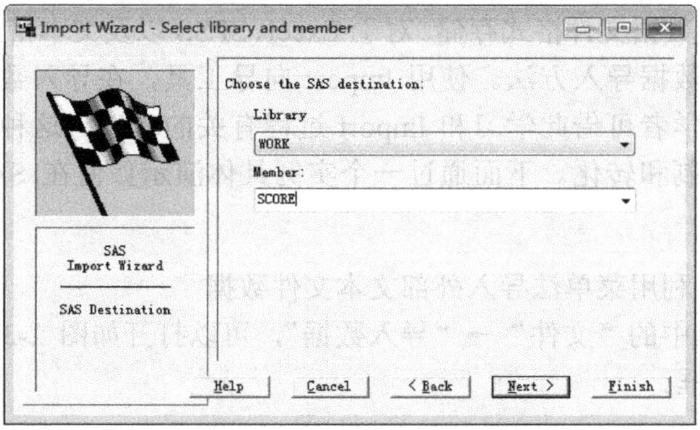

图 2-3-3　选择库和文件名窗口

导入向导可以自动生成使用 Import 过程导入数据的 SAS 程序代码。“Browse”按钮指定存储位置，即可保存程序到对应文件，如图 2-3-4 所示。

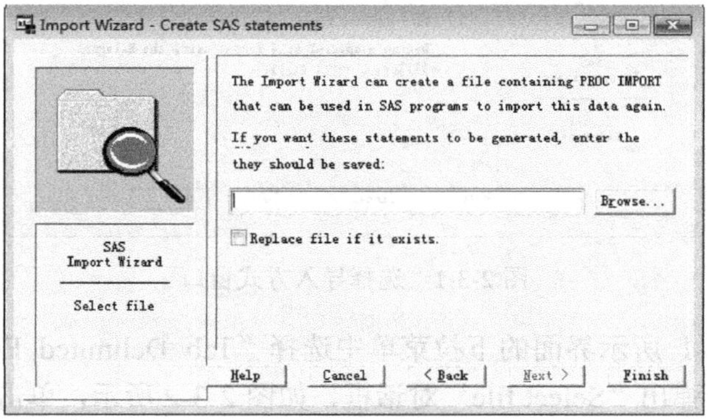

图 2-3-4　生成 SAS 程序窗口

数据文件导入完成后，用户可以在临时数据库中打开数据集文件查看其中的数据。

当 Excel 和 SAS 的版本有冲突时，可通过将 Excel 数据文件转化成.csv 数据文件或文本数据文件，完成数据的导入。

2. 用 INFILE 语句导入外部文件上的数据

在 SAS 系统中，可以用下面的语句导入数据集。

```
DATA 数据集名;                    /*创建数据集并命名*/
INFILE '文件路径' [选项]          /*从指定的路径下读取数据文件*/
INPUT 变量列表;                   /*列出数据集的变量名*/
RUN;                              /*数据步程序提交运行*/
```

其中，INFILE 语句用于在指定的文件路径下读取数据文件，此处的文件路径应为完整的文件路径，同时选项中可以设置 SAS 读取数据的相关参数，例如读取的数据行数等。INPUT 语句用于顺序列出读取的变量名。

【例 2.3.2】 用 INFILE 语句导入外部数据

```
data score ;
infile 'D:\SASDATA\score.txt';
input x  y;
put  x=  y= ;
run;
```

执行上述程序将从外部文件输入数据，并在日志窗口显示如下数据。

x=34　y=56

x=78　y= 90

x=35　y= 67

x=89　y=10

x=23　y=65

x=77　y= 45

对于初学者来说，建议只阅读关于使用向导导入数据的内容即可，这部分内容直观易懂。可以在深入了解 SAS 后，再返回学习其他几种略复杂的访问外部数据的方法。

2.4　本 讲 小 结

SAS 中的一切统计分析只能对数据集中的数据进行分析。通过本讲的学习，读者将对 SAS 数据库和数据集、如何在 SAS 中快速创建内部数据文件以及对于外部数据文件的导入操作有基本的了解。在后续的讲节中，本书会循序渐进地为用户介绍 SAS 软件的具体功能。

第3讲 数据管理Ⅰ

在数据分析过程中，获得进行统计分析和建模的对象(即数据)是必不可少的重要环节。本讲主要介绍数据统计整理过程的有关内容，包括增加/删除变量，变量的排序、变量值的显示格式和标签，变量值的排序，生成数据子集与数据的合并等。

本讲例题中的数据引自于 Journal of statistics education 期刊网站，数据集名称为“babyboom”。

“babyboom”数据集简介：在 1997 年 12 月 18 日当天，澳大利亚昆士兰州某所医院的婴儿出生率突破了历史记录，这次“婴儿潮”，在 24 小时内迎来了 44 个婴儿的出生，以下数据包括部分婴儿的出生时间、性别(1=女孩，2=男孩)、体重(克)、午夜后新生儿的出生时间(换算成分钟)，该数据集共有 4 个变量，44 个观测。

3.1 数 据 整 理

3.1.1 增加/删除变量

在 SAS 软件中，SAS/ASSIST、SAS/ANALYST、SAS/INSIGHT 和编程法都可以进行数据管理，此处以 SAS/INSIGHT 和编程法为例。

在 SAS/INSIGHT 窗口中增加变量、删除变量都可通过“菜单法”和“编程法”两种方法实现。首先，回顾一下如何进入 SAS/INSIGHT 模块。

SAS/INSIGHT 是进行探索性数据分析的主要模块。在 SAS 工具栏上的命令框中输入“insight”，或者选择主菜单“解决方案”→“分析”→“交互式数据分析”进入 INSIGHT 模块，如图 3-1-1 所示。

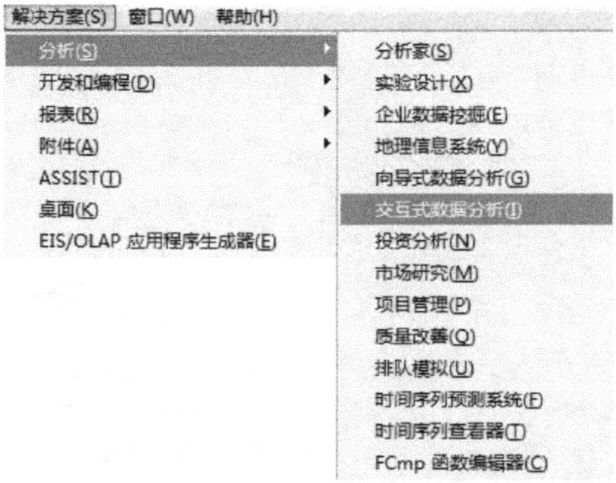

图 3-1-1 进入 SAS/INSIGHT 模块示例图

【例 3.1.1】 建立永久性数据集

表 3-1　"babyboom"部分数据

Time	Sex	Weight	Minutes
0005	1	3837	5
0104	1	3334	64
0118	2	3554	78
0155	2	3838	115
0257	2	3625	177
0405	1	2208	245
0407	1	1745	247
0422	2	2846	262
0431	2	3166	271
0708	3	3520	428
…	…	…	…

下面通过编程法把例 3.1.1 中的数据存储在 SASUSER 数据库的 Baby 数据集中。

```
data SASUSER.Baby;
input Time Sex Weight Minutes;
cards;
 0005     1   3837      5
 0104     1   3334     64
 0118     2   3554    78
 0155     2   3838    115
 0257     2   3625    177
 0405     1   2208    245
 0407     1   1745    247
 0422     2   2846    262
 0431     2   3166    271
 0708     3   3520    428
  …
run;
```

1．增加变量

(1)使用菜单法增加变量

第一步：进入 SAS/INSIGHT 模块，打开 SASUSER.Baby 数据集，单击左上角的右立三角符号按钮，然后选择"新变量(New Variables)"弹出"新建变量"对话框，如图 3-1-2 和图 3-1-3 所示。

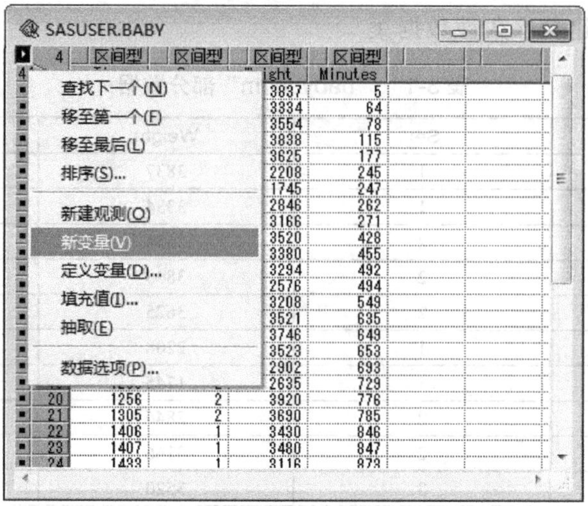

图 3-1-2　SAS/INSIGHT 的新变量菜单

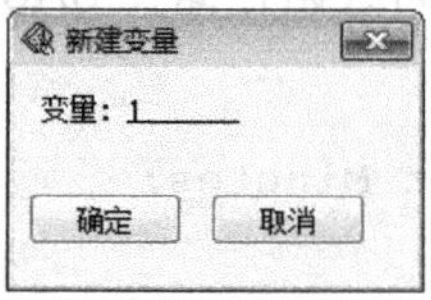

图 3-1-3　“新建变量”对话框

第二步，定义新增变量的名称，单击左上角的右立三角符号按钮，然后选择“定义变量(Define Variables)”弹出定义变量的对话框，如图 3-1-4 和图 3-1-5 所示。

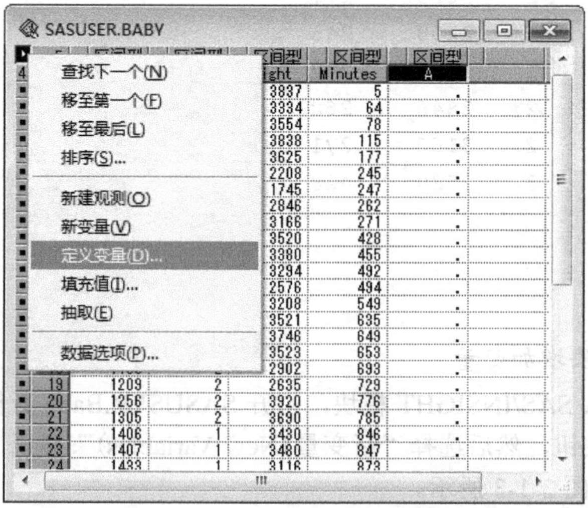

图 3-1-4　SAS/INSIGHT 的定义变量菜单

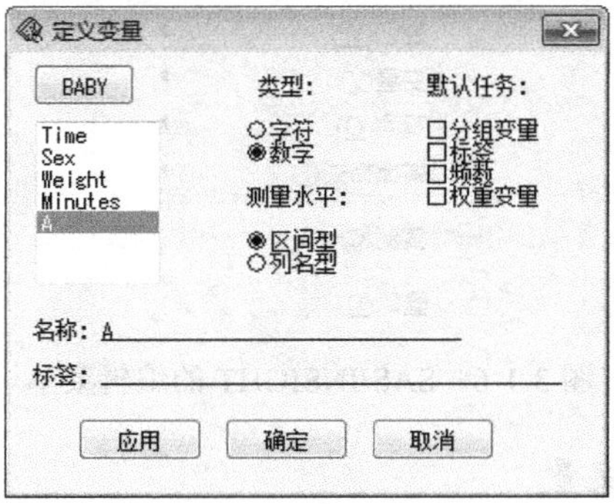

图 3-1-5　定义变量对话框

(2)使用编程法增加变量

```
data Baby;
set SASUSER.Baby;
A=0;                          /*假设新增的变量名为 A*/
run;
proc print;
run;
```

通过上述程序在“Baby”数据集中增加了一个名为“A”的变量，该变量没有赋值。输出结果截取部分数据如下所示。

Obs	Time	Sex	Weight	Minutes	A
1	5	1	3837	5	0
2	104	1	3334	64	0
3	118	2	3554	78	0
4	155	2	3838	115	0
5	257	2	3625	177	0
6	405	1	2208	245	0
7	407	1	1745	247	0
8	422	2	2846	262	0
9	431	2	3166	271	0
10	708	3	3520	428	0
…	…	…	…	…	…

2．删除变量

(1)使用菜单法删除变量

“编辑(Edit)”菜单可以实现删除变量的功能，只要单击选中想要删除的变量名字或观测值对应的序号，然后选择“编辑”→“删除”，系统便会自动删除对应的内容，如图 3-1-6 所示。

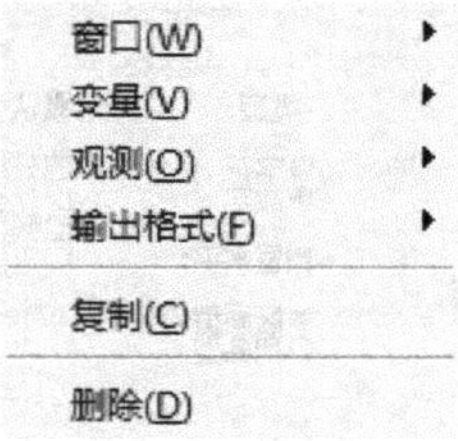

图 3-1-6　SAS/INSIGHT 的编辑菜单

(2)使用编程法删除变量

删除变量通常也可用编程法实现。如在例 3.1.1 中，需要删除“Minutes”变量，可以采用以下程序。

```
data Baby;              /*指定名为 Baby 的临时数据集*/
set SASUSER.Baby;       /*从 SASUSER.Baby 数据集中读入数据*/
drop Minutes;           /*在 Baby 临时数据集中删除 Minutes 变量*/
run;
proc print;
run;
```

上面使用 DROP 语句删除指定数据库中的变量，同样也可以用 KEEP 语句达到删除变量的目的，如下所示。

```
data Baby;
set SASUSER.Baby;
keep Time Sex Weight;     /*在新临时数据集 Baby 中保留 Time、Sex、Weight
                            变量*/
run;
proc print;
run;
```

执行上述程序后，将输出结果截取部分数据，如下所示。

Obs	Time	Sex	Weight
1	5	1	3837
2	104	1	3334
3	118	2	3554
4	155	2	3838
5	257	2	3625
6	405	1	2208
7	407	1	1745
8	422	2	2846
9	431	2	3166
10	708	3	3520
…	…	…	…

3.1.2 设置变量的顺序和标签

1．调整变量的顺序

有时候需要调整变量在数据集中的顺序。如把 SASUSER.Baby 中的“Minutes”作为第 1 个变量，并且把变量“Time”作为最后 1 个变量。

进入 SAS/INSIGHT 模块，打开数据操作菜单，首先选择“Move to First”，在弹出的变量移动对话框中选中将要放在第 1 个位置的“Minutes”变量，单击“OK”按钮；或者直接在数据表上选中“Minutes”的变量名，再单击数据操作菜单中的“Move to First”，便会看到“Minutes”已经出现在第 1 个变量的位置，而其他变量的相对位置保持不变。然后继续从数据操作菜单中选择“Move to Last”，在弹出的变量移动对话框中选中要放在末尾位置的“Time”变量，单击“OK”按钮，“Time”变量便会出现在最末位置，而其他变量的相对位置保持不变。

2．设置变量的标签

使用菜单法设置变量标签很简单，在定义新增变量的名称时，就可同时设置变量的标签，如图 3-1-5 所示。

在建立数据集的过程中，也可以用 LABEL 语句设置变量的标签。

具体程序如下。

```
data Baby;
set SASUSER.Baby;
label Time="出生时间";      /*对变量 Time 设置标签为“出生时间”*/
run;
```

3.1.3 设置变量值的显示格式和标签

1．设置变量值的显示格式

变量值的表现可以有多种格式，如数值型数据定义为总长度 10、小数位数为 2 的显示格式，日期型数据可以显示为年/月/日或日/月/年等多种格式。在 SAS/INSIGHT 中，可以对变量值的格式进行多种定义，主要使用 SAS/INSIGHT 中“编辑(Edit)”菜单下的“格式(Formats)”二级菜单。

“格式(Formats)”二级菜单中提供了常用的 8 种数值型数据显示格式的快捷方式，同时也可以在“Other”选项中自定义各变量的显示格式。在自定义显示格式过程中，系统会预览数据格式，如图 3-1-7 所示。

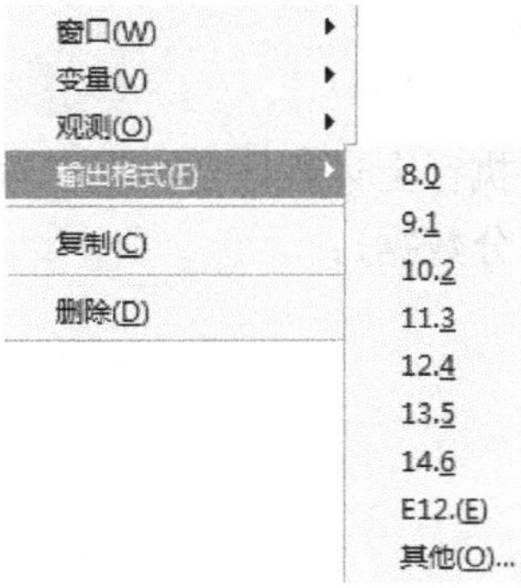

图 3-1-7 SAS/Insight 的显示格式

2. 设置变量值的标签

在某些情况下，不仅变量具有标签，其对应的变量值也可以设置标签。

如例 3.1.1 中的“Sex”变量，其变量值有两个，分别是“1”、“2”。通常，在 SAS 系统中输入数据时，为了数据录入、运算方便，往往把“男”、“女”用数字代替选项进行录入，如“1”表示“女孩”、“2”表示“男孩”等。这种设定只有数据录入者本人清楚，为了让数据的使用者(分析者)也清楚，可以为变量值贴上标签，即指定“1”代表“女孩”、“2”代表“男孩”等。

设定变量值标签可利用 FORMAT 过程实现，具体程序如下：

```
proc format;
value Sex_Fmt 1='女孩' /*指定一个变量值标签对应关系，并命名为“Sex_Fmt”*/
              2='男孩';  /*等号左边为变量值，等号右边为变量值的标签*/
run;
```

对变量值加贴标签以后，便可在输出结果窗口打印出变量值的标签，更容易使人看懂。具体程序如下：

```
data format_demo;
input Sex@@;
cards;
    1 1 2 2 2 1 1 2 2 2 2 2 1 1 2 1 1 2 2 2 2 1 1 1 1 2 2 2 1 2
    1 2 2 2 2 2 1 2 2 2 2 1 1 1
    ;
run;
proc print data=format_demo;
run;
proc print data=format_demo;
format Sex Sex_Fmt.;/*这里引用上面定义过的 Sex_Fmt 来指定变量值与标签
                    的对应关系，标签名称后要加上“.”*/
run;
```

执行上述程序后，将在输出窗口打印 format_demo 数据集，如下所示(此处只显示部分数据)：

```
            SAS        系统

            Obs        Sex

             1         女孩
             2         女孩
             3         男孩
```

4	男孩
5	男孩
6	女孩
7	女孩
8	男孩
9	男孩
10	男孩

…

3.1.4 对变量值排序

对变量值排序可通过“菜单法”和“编程法”两种方法实现。

1. 使用菜单法对变量值排序

(1)进入 SAS/INSIGHT 模块，打开 SASUSER.Baby 数据集，在数据区域单击鼠标右键，或者单击左上角的右立三角符号按钮，弹出如图 3-1-8 所示的数据操作菜单，然后选择“排序(Sort)”，弹出变量值“排序”对话框，如图 3-1-9 所示。

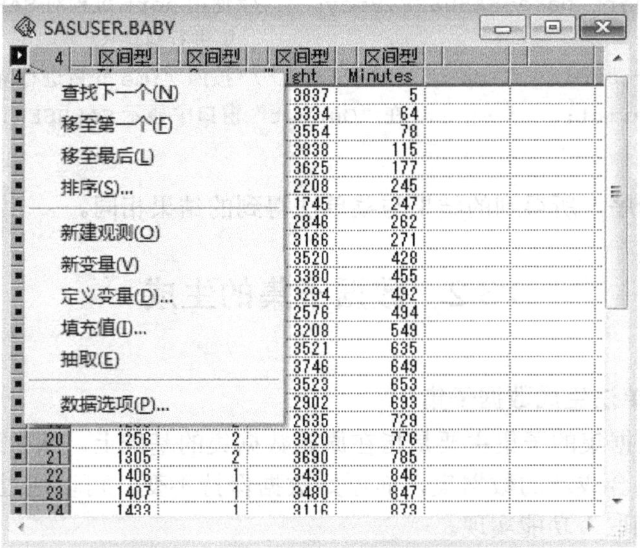

图 3-1-8 SAS/INSIGHT 数据操作菜单

(2)在“BABY”按钮下面的变量框中，选择要进行排序的变量。如对“Time”变量进行降序排序，则可选中“Time”变量，然后单击右边的“Y”按钮。这时，“Time”会被自动放置在“Y”按钮下的变量框中。然后在该区域选中“Time”变量，单击“Asc/Des”按钮(“Asc”表示升序，“Des”表示降序，默认升序排列)。如图 3-1-9 所示。以此类推，可以把若干个变量同时选中以放置在变量框中，并分别指定排序方式。单击“Remove”按钮可以移除不需要排序的变量。然后单击“OK”按钮，即可在 SAS/INSIGHT 主界面中看到排序后的数据。

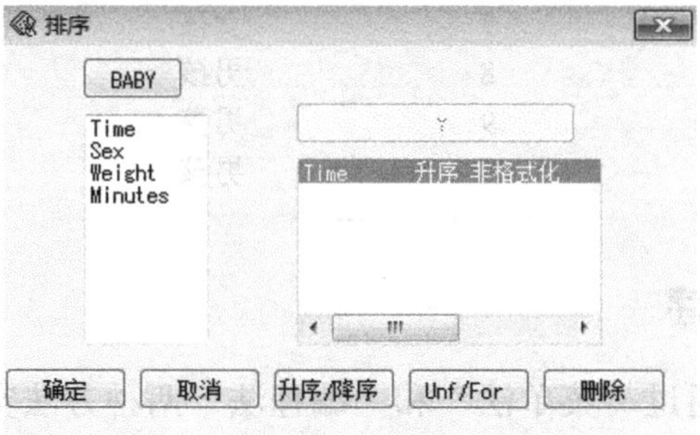

图 3-1-9　变量值“排序”对话框

2．使用编程法对变量值排序

用编程法进行排序，具体程序如下：

```
proc sort data=SASUSER.Baby;      /*使用 sort 过程对 SASUSER.Baby 数据
                                    集进行排序*/
by descending Time;               /*按照 Time 变量进行降序排列*/
proc print;            /*在“Output”窗口中显示 SASUSER.Baby 数据集*/
run;
```

运行上述程序，所得到的结果与菜单法得到的结果相同。

3.2　数据子集的生成

1．使用菜单法生成数据子集

生成原始数据集的子集主要是指在原始数据集的基础上，从中选取部分变量或部分观测值以组合成新的数据集，而原始数据保持不变。可以通过 SAS/INSIGHT 中的“Extract 抽取”功能实现。

如从例 3.1.1 的 SASUSER.Baby 数据集中，选取变量“Sex”、“Weight”及其对应的第 4、7、9、10 个观测值以建立数据子集。按住键盘上的 Ctrl 键，并用鼠标选中“Sex”、“Weight”的变量名以及编号为 4、7、9、10 的观测值，然后单击左上角的右立三角符号按钮，或在数据区域中单击鼠标右键以弹出菜单，选择“抽取(Extract)”，如图 3-2-1 所示。系统将自动弹出一个 SAS/INSIGHT 数据窗口，并自动把该数据子集命名为 SASUSER.Baby1。

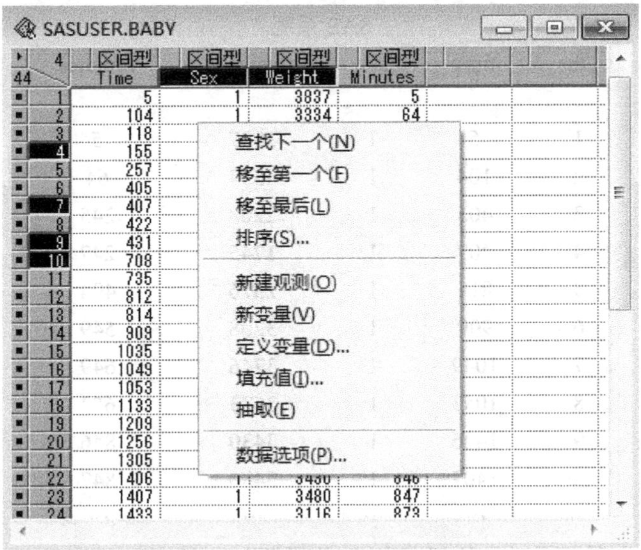

图 3-2-1　SAS/INSIGHT 数据窗口

2．使用编程法生成数据子集

生成数据子集同样可以用编程法进行，将数据集 Baby 按照其中的变量 Sex 生成为两个子数据集，具体程序如下：

```
data SASUSER.Baby_Girl SASUSER.Baby_Boy;
Set SASUSER.Baby;
if Sex=1 then output SASUSER.Baby_Girl;
                        /*拆分性别为女的到数据集 SASUSER.Baby_Girl 中*/
if Sex=2 then output SASUSER.Baby_Boy;
                        /*拆分性别为男的到数据集 SASUSER.Baby_Boy 中*/
run;
proc print data=SASUSER.Baby_Girl;
                        /*输出窗口打印出数据集 SASUSER.Baby_Girl*/
run;
proc print data=SASUSER.Baby_Boy;
                        /*输出窗口打印出数据集 SASUSER.Baby_Boy*/
run;
```

执行上述程序后，将在输出窗口打印出拆分后的两个数据集，如下所示，分别显示出了拆分后男生和女生的数据集。

拆分后的女生数据集(此处只显示部分数据)：

SAS 系统

Obs	time	sex	weight	minutes
1	5	1	3837	5
2	104	1	3334	64
3	405	1	2208	245
4	407	1	1745	247
5	814	1	2576	494
6	909	1	3208	549
7	1049	1	3746	649
8	1053	1	3523	653
9	1406	1	3430	846
10	1407	1	3480	847
…	…	…	…	…

拆分后的男生数据集(此处只显示部分数据)：

SAS 系统

Obs	time	sex	weight	minutes
1	118	2	3554	78
2	155	2	3838	115
3	257	2	3625	177
4	422	2	2846	262
5	431	2	3166	271
6	708	2	3520	428
7	735	2	3380	455
8	812	2	3294	492
9	1035	2	3521	635
10	1133	2	2902	693
…	…	…	…	…

3.3 数据合并

有时需要把若干个数据集合并起来，如在一次调查活动的数据录入工作中，不同的录入人员分批次录入了多个数据文件，研究人员需要把这些文件进行合并，从而反映整体信息。又如学生考试成绩，可把不同科目的分数合并，并反映在一个数据文件中。根据不同的实际情况，数据合并又可以分为纵向合并与横向合并。

1. 纵向合并(增加行)

纵向合并是指把若干个数据集的观测值按相同的变量进行数据追加。在通常情况下,要求参加合并的各个数据集的结构相同,如上述反映女孩的数据集 SASUSER.Baby_Girl 和男孩的数据集 SASUSER.Baby_Boy 具有相同的变量名和数据结构，故可进行纵向合并，并将合并后的数据集命名为 SASUSER.Baby_Total。

(1)使用菜单法进行数据纵向合并

在 SAS/ANALYST 中，可以进行数据的纵向合并。

第一步,进入 SAS/ANALYST 模块,在 SAS 工具栏上的命令框中输入“analyst”,或者选择系统菜单“解决方案”→“分析”→“分析家”进入 Analyst 模块，在其界面下的任意地方单击鼠标右键，可弹出 SAS/ANALYST 的系统菜单(弹出的菜单与进入 Analyst 之后 SAS 主界面的菜单一样)，选择“数据”→“合并表”→“按行连接”，如图 3-3-1 所示，弹出数据纵向合并对话框。

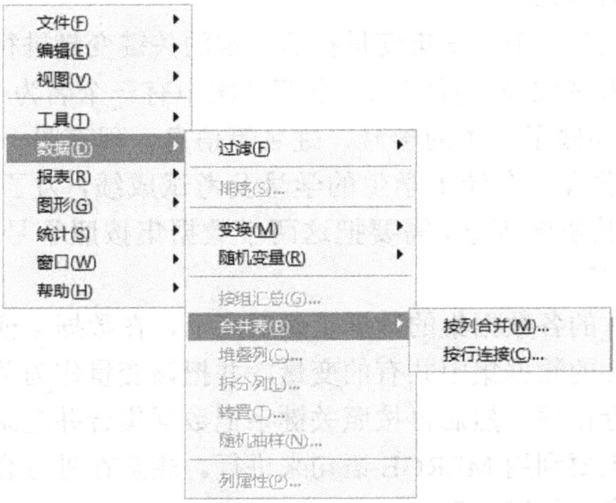

图 3-3-1　SAS/ANALYST 数据合并菜单

第二步，在该对话框中，依次单击“Open SAS Data”按钮把对应的 SASUSER.Baby_Girl 和 SASUSER.Baby_Boy 数据集添加到列表框中，系统会自动在左下方的“Common variables”列表框中显示各数据集共有的变量名，然后单击“OK”按钮即可完成数据集纵向合并，再选择“文件”→“用 SAS 名称另存为”进行数据集保存。

(2)使用编程法进行数据纵向合并

数据集纵向合并也可用以下程序实现。

```
data SASUSER.Baby_Total;
set SASUSER.Baby_Girl SASUSER.Baby_Boy;/*SET 语句后列示参加纵向合并
                                         的数据集*/
run;
```

执行上述程序后，可得到合并后的数据集 SASUSER.Baby_Total，如图 3-3-2 所示。

VIEWTABLE: Sasuser.Baby_total

	Time	Sex	Weight	Minutes
1	5	1	3837	5
2	104	1	3334	64
3	405	1	2208	245
4	407	1	1745	247
5	814	1	2576	494
6	909	1	3208	549
7	1049	1	3746	649
8	1053	1	3523	653
9	1406	1	3430	846
10	1407	1	3480	847

图 3-3-2　合并后的数据集 SASUSER.Baby_Total

2. 横向合并（增加列）

横向合并是指把若干个数据集变量按照一定的关键变量进行变量追加。如把学生的各门课程期末考试成绩进行汇总。学籍档案中有一个名为 SASUSER.Student_Profile 的数据集，存储了学生的学号、姓名等信息，现有另一个名为 SASUSER.Student_Score 的数据集，存储了学生的学号及考试成绩，为了综合考查学生学习成绩的总体情况及其影响因素，需要把这两个数据集按照学号（ID）变量进行横向合并。

为了把参加合并的各数据集的数据正确对应上，在数据集横向合并过程中，应当首先指定参加合并的数据集中共有的变量，并把该变量作为关键字，再把各数据集按照该关键字进行排序，然后再按照关键字把数据集合并起来。

横向合并程序主要利用 MERGE 语句来进行。注意在进行合并之前，应当按照合并关键字进行排序，程序如下：

```
proc sort=SASUSER.Baby1;
by time;                                 /*按 time 变量排序*/
run;
proc sort=SASUSER.Baby2;
by time;                                 /*按 time 变量排序*/
run;
data SASUSER.baby3;
merge SASUSER.Baby1 SASUSER.Baby2;
by time;                                 /*把 time 变量作为合并关键字*/
run;
proc print;
run;
```

3.4　本讲小结

本讲介绍了如何利用 SAS 软件实现数据管理的基本操作，主要内容包括数据整理、数据子集的生成与数据合并，其中详细介绍了设置变量的顺序和标签、设置变量值的显示格式和标签、对变量值排序、数据子集的生成以及数据合并等内容，通过菜单法和编程法两种方法，对其展示说明。

第 4 讲　数据管理Ⅱ

本讲分为两节——数据审核与数据变换，主要介绍数据的查错、逻辑关系检查、数据的修正、数据函数变换和数据标准化等内容，这些工作是数据分析中最为重要且最容易被忽视的一个基础性内容。

4.1　数 据 审 核

4.1.1　数据查错

在对例 3.1.1 数据集 SASUSER.Baby 进行审核的过程中很容易发现，“Sex”变量的第 10 个样本数值为 3。而根据样本要求，“Sex”变量的取值范围是 1～2，显然“Sex”的第 10 个样本超出了该范围，不符合要求。类似于这种需要把不符合要求的数据从数据集中找出来并进行修改的过程称为数据查错。数据查错有“菜单法”、“编程法”两种方法。

1．使用菜单法进行数据查错

(1)进入 SAS/INSIGHT 模块，打开 SASUSER.Baby，选择“编辑”→“观测”→“查找”，弹出“查找观测”对话框，如图 4-1-1 所示。

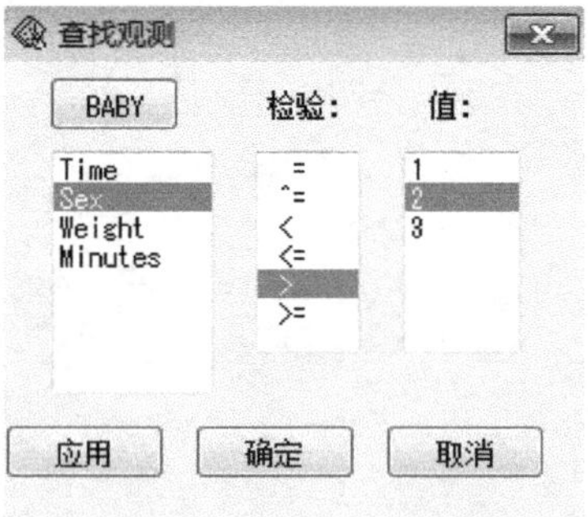

图 4-1-1　SAS/INSIGHT“查找观测”对话框

(2)如图 4-1-1，在该对话框中“BABY”按钮下选择“Sex”，在“检验”列表框中选择“>”，在“值”列表框中选择“2”，则表示从数据集中找出“Sex”变量的观测值大于 2 的样本。单击“OK”按钮后，满足该指定条件的观测值会在

SAS/INSIGHT 中标示出来。如本例中符合该条件的观测值是第 10 个，即在系统中标示为 10，如图 4-1-2 所示。

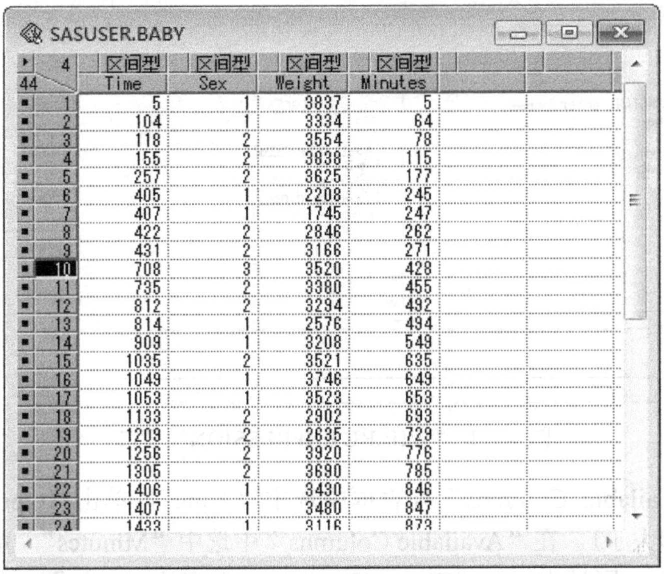
SASUSER.BABY

4 / 44	区间型 Time	区间型 Sex	区间型 Weight	区间型 Minutes
1	5	1	3837	5
2	104	1	3334	64
3	118	2	3554	78
4	155	2	3838	115
5	257	2	3625	177
6	405	1	2208	245
7	407	1	1745	247
8	422	2	2846	262
9	431	2	3166	271
10	708	3	3520	428
11	735	2	3380	455
12	812	2	3294	492
13	814	1	2576	494
14	909	1	3208	549
15	1035	2	3521	635
16	1049	1	3746	649
17	1053	1	3523	653
18	1133	2	2902	693
19	1209	2	2635	729
20	1256	2	3920	776
21	1305	2	3690	785
22	1406	1	3430	846
23	1407	1	3480	847
24	1433	1	3116	873

图 4-1-2 数据查错结果

2. 使用编程法进行数据查错

在 SAS 系统中，采用菜单法进行数据查错虽然直观，但是在样本量比较大的时候，由于数据显示的原因会变得非常不方便，而且菜单操作方式在查找的同时不能进行数据修正。因此，通常也可用编程法来实现查错功能，具体操作可使用频数分布表(详见 5.1)查找出错误观测值，再通过 IF、DELETE 语句删除错误的观测，或将其转化为缺失值。其基本调用格式为:IF 条件 THEN DELETE(具体例见 4.1.2)。

4.1.2 检查逻辑关系

在某些数据集中，两个变量之间常常会暗含着某种逻辑关系，例如在一个数据集中有“个人收入”和“家庭收入”两个变量，那么不难推断出“个人收入”一定小于等于“家庭收入”这个逻辑关系。在 SAS 系统中，可以通过“菜单法”和“编程法”两种方法，来实现变量之间逻辑关系的判断，并找出对应变量逻辑关系的样本。

1. 使用菜单法检查逻辑关系

在例 3.1.1 中，假设变量“Minutes”小于等于变量“Time”，首先使用“菜单法”，具体步骤如下。

(1)在“Explore”资源管理器窗口中找到 SASUSER.Baby 数据集，双击鼠标左键，弹出该数据集的“ViewTable”窗口。然后选择系统菜单“数据”→“Where”，弹出“Where”对话框，如图 4-1-3 所示。

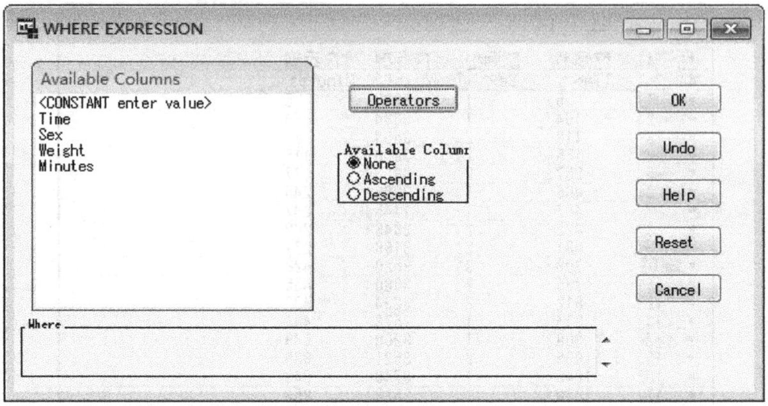

图 4-1-3 “WHERE EXPRESSION”窗口

(2)在“Available Columns”列表框中选中“Time”，单击“Operators”按钮，选择“GT”(即大于)。在“Available Columns”中选中“Minutes”，系统会自动在对话框下方的 Where 区域中显示“Time GT Minutes”表达式，如图 4-1-4 所示。单击“OK”按钮，系统自动返回“ViewTable”窗口，这时该窗口自动显示根据用户设置的逻辑关系找出的样本。

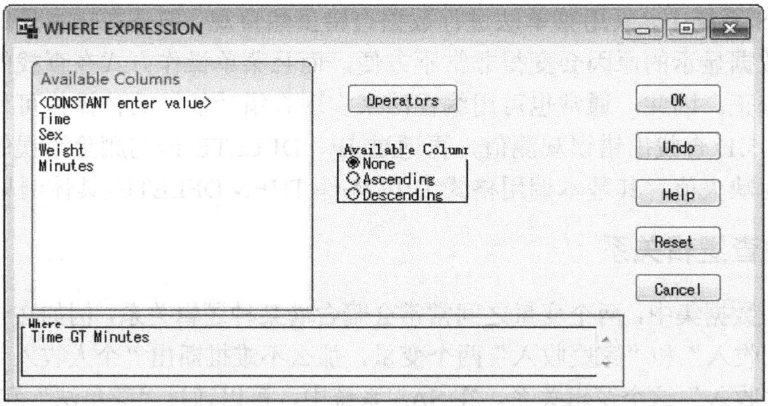

图 4-1-4 WHERE EXPRESSION 窗口

2. 使用编程法检查逻辑关系

使用“编程法”进行逻辑关系查找，具体程序如下：

```
data SASUSER.Baby;
set SASUSER.Baby;
```

```
if Time<Minutes then delete;
run;
```

程序提交运行后，即可删除逻辑关系出错的观测值。

```
data SASUSER.Baby;
set SASUSER.Baby;
if Time<Minutes then Time=.;
run;
```

程序提交运行后，即可将逻辑关系出错的观测值转化为缺失值。

4.1.3　数据修正

1．使用菜单法进行数据修正

对于出错样本，可以利用 SAS/ANALYST 进行修改。在 SAS 工具栏上的命令框中输入“analyst”，或者选择系统菜单“解决方案”→“分析”→“分析家”进入 ANALYST 模块，如图 4-1-5 所示。

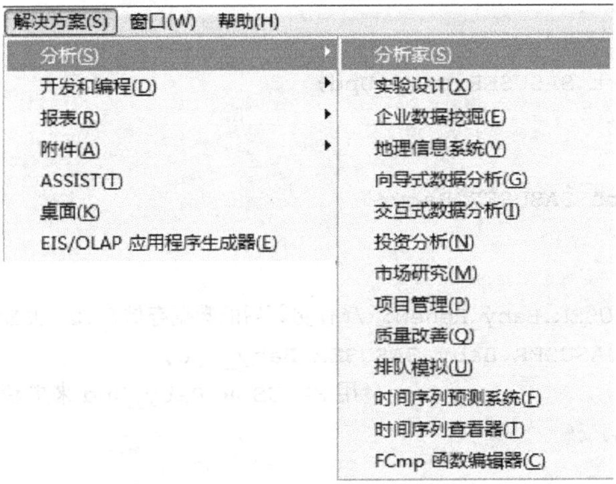

图 4-1-5　进入 SAS/ANALYST 模块示例图

用菜单法进行数据修正只需进入 SAS/ANALYST 在“文件”菜单中“按 SAS 名称打开”所要修正的数据集，然后再单击“编辑”→“模式”→“编辑”，这样就可以在编辑模式下选择并修正出错的数据了，如图 4-1-6 所示。

2．使用编程法进行数据修正

为提高数据查错和数据更正的效率，通常利用 UPDATE 语句对数据集进行数据修正。

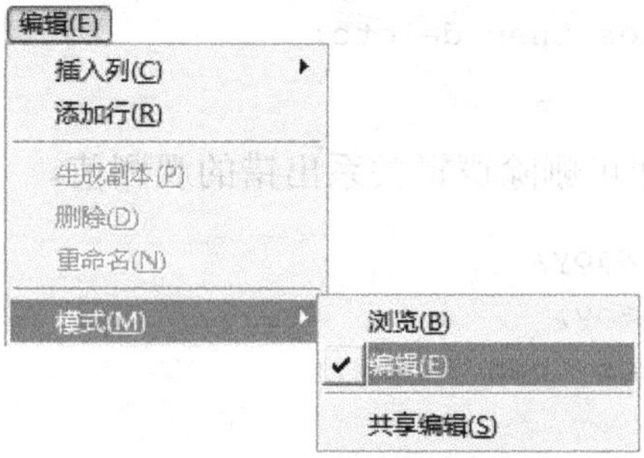

图 4-1-6　进入编辑模式步骤

如在例 3.1.1 中，经过认真核对检查，发现在“0708”时间出生的婴儿所对应的性别应该是“2(男孩)”。因此，利用以下程序进行数据修正。

```
data SASUSER.Baby_Upd;
/*建立存储更新信息的数据文件，无须更新的数据用缺失值表示*/
input Time Sex Weight Minutes;
cards;
0708 2 . .
;
proc sort SASUSER.Baby_Upd;
by Time;
run;
proc sort SASUSER.Baby;
by Time;
run;
data SASUSER.Baby_Renew; /*使更新后的数据存储在 SASUSER.Baby_Renew 中*/
update SASUSER.Baby SASUSER.Baby_Upd;
                        /*用 SASUSER.Baby_Upd 来更新 SASUSER.Baby */
by Time;
run;
proc print data=SASUSER.Baby_Renew;
run;
```

使用以上程序进行修正后，会得到两个新的数据集，分别是 Baby_Upd 和 Baby_Renew，如图 4-1-7 和图 4-1-8 所示。

VIEWTABLE: Sasuser.Baby_upd

	Time	Sex	Weight	Minutes
1	708	2	.	.

图 4-1-7　数据集 Baby_Upd

VIEWTABLE: Sasuser.Baby_renew

	Time	Sex	Weight	Minutes
1	5	1	3837	5
2	104	1	3334	64
3	118	2	3554	78
4	155	2	3838	115
5	257	2	3625	177
6	405	1	2208	245
7	407	1	1745	247
8	422	2	2846	262
9	431	2	3166	271
10	708	2	3520	428

图 4-1-8 数据集 Baby_ Renew 部分数据

4.2 数 据 变 换

4.2.1 数据函数变换

数据函数变换是指利用函数对数据进行计算，把原数据变换成函数运算的结果或依原数据按照函数关系生成新变量。在 SAS 系统中，可以通过 SAS/ANALYST 模块实现数据函数变换。

1. 使用菜单法进行数据函数变换

仍以例 3.1.1 数据集 SASUSER.Baby 为例。

(1)在 SAS/ANALYST 模块中，单击系统菜单“文件”→“按 SAS 名称打开”，打开 SASUSER 中的 Baby 数据集。选择系统菜单“编辑”→“模式”→“编辑”，打开数据编辑模式。选中要进行函数变换的变量，选择系统菜单“数据”→“变换”，打开数据变换菜单，如图 4-2-1 所示。

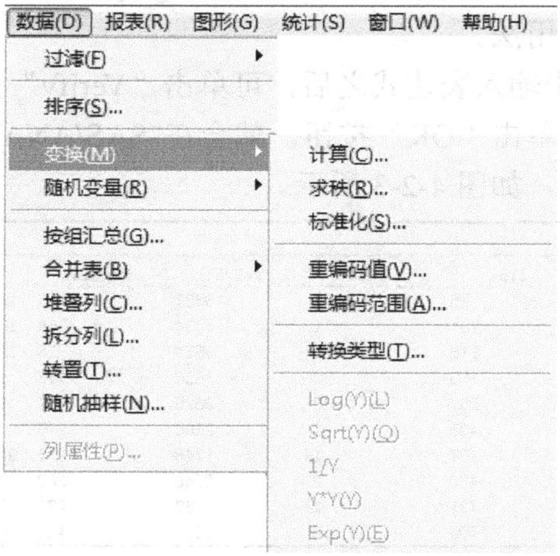

图 4-2-1 SAS/ANALYST 数据变换菜单

(2)在“变换 Transform”菜单中，用户可以通过“计算 Compute”功能进行函数变换。同时，该菜单的二级菜单中也列示了常用的变换函数，直接单击对应的函数名便可在数据集中生成新的变量。选择“Convert Type”则可以实现变量在数值型和字符型数据之间的属性转变。单击“Compute”，打开 Compute:Baby(函数变换)对话框，如图 4-2-2 所示。

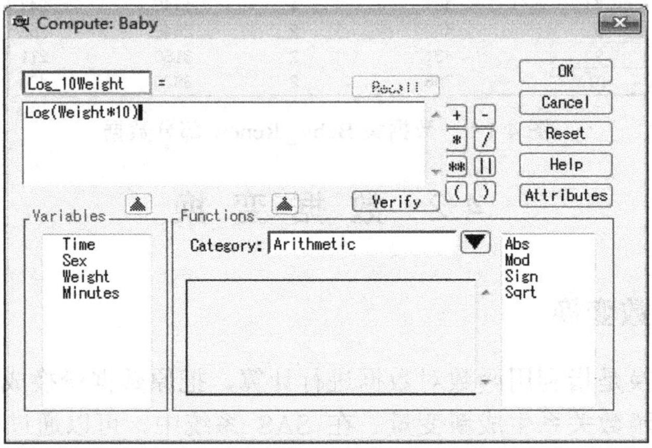

图 4-2-2　Compute:Baby(函数变换)对话框

如将例 3.1.1 中的“Weight”变量变换为“Weight”数值扩大 10 倍之后的对数，用“Log_10Weight”变量名表示。在该对话框最左上方的文本输入框中输入变换后的新变量名字，在中间的文本输入框中输入变量函数表达式，如图 4-2-2 所示。除此之外，还可以利用 SAS 系统默认的函数进行数据变换，其“Category”下拉列表框提供了算术、字符、日期、数学、概率等 12 大类常用函数，用户可以根据需要选择具体的函数表达式。当选中具体函数时，“Category”列表框下的文本输入框会自动显示该函数的功能及用法。

(3)在文本输入框中输入表达式之后，可单击“Verify”按钮检查函数形式和参数设置是否正确。然后单击“OK”按钮，就会在 SAS/ANALYST 窗口中按照函数运算结果生成新的变量，如图 4-2-3 所示。

Baby (Edit)

	Time	Sex	Weight	Minutes	Comp1
1	5	1	3837	5	10.555031183
2	104	1	3334	64	10.414513156
3	118	2	3554	78	10.478414102
4	155	2	3838	115	10.55529177
5	257	2	3625	177	10.49819466
6	405	1	2208	245	10.0024275
7	407	1	1745	247	9.7670949276
8	422	2	2846	262	10.256254872
9	431	2	3166	271	10.362809333
10	708	3	3520	428	10.468801362

图 4-2-3　部分函数变换结果

2. 使用编程法进行数据函数变换

使用编程法也可以进行数据函数变换，调用函数的一般格式为：

函数名(参数，参数…)

以下是 SAS 中常用的函数：

(1)数学函数

ABS (*x*)	求 *x* 的绝对值
MAX ($x_1,x_2,\ldots,x_n$)	求所有变量中的最大一个
MIN ($x_1,x_2,\ldots,x_n$)	求所有变量中的最小一个
MOD (*x*,*y*)	求 *x* 除以 *y* 的余数
SQRT (*x*)	求 *x* 的平方根
ROUND (*x*,eps)	求 *x* 按照 eps 指定的精度四舍五入后的结果
CEIL (*x*)	求大于等于 *x* 的最小整数。当 *x* 为整数时就是 *x* 本身，否则为 *x* 右边最近的整数
FLOOR (*x*)	求小于等于 *x* 的最大整数。当 *x* 为整数时就是 *x* 本身，否则为 *x* 左边最近的整数
INT (*x*)	求 *x* 去掉小数部分后的结果
FUZZ (*x*)	当 *x* 与其四舍五入整数值相差小于 1E-12 时取四舍五入
LOG (*x*)	求 *x* 的自然对数
LOG10 (*x*)	求 *x* 的常用对数
EXP (*x*)	指数函数
SIN (*x*),COS (*x*),TAN (*x*)	求 *x* 的正弦、余弦、正切函数
ARSIN (*y*)	计算函数 *y*=sin (*x*) 在区间的反函数，*y* 取[−1,1]间值
ARCOS (*y*)	计算函数 *y*=cos (*x*) 在区间的反函数，*y* 取[−1,1]间值
ATAN (*y*)	计算函数 *y*=tan (*x*) 在区间的反函数，*y* 取[−∞,+∞]间值
SINH (*x*),COSH (*x*),TANH (*x*)	双曲正弦、余弦、正切函数
ERF (*x*)	误差函数
GAMMA (*x*)	完全函数

(2)日期和时间函数

MDY (*m*,*d*,yr)	生成 yr 年 *m* 月 *d* 日的 SAS 日期值
YEAR (date)	由 SAS 日期值 date 得到年
MONTH (date)	由 SAS 日期值 date 得到月
DAY (date)	由 SAS 日期值 date 得到日
WEEKDAY (date)	由 SAS 日期值 date 得到星期几
QTR (date)	由 SAS 日期值 date 得到季度值
HMS (*h*,*m*,*s*)	由小时 *h*、分钟 *m*、秒 *s* 生成 SAS 时间值
DHMS (*d*,*h*,*m*,*s*)	由 SAS 日期值 d、小时 h、分钟 m、秒 s 生成 SAS 日期时间值
DATEPART (dt)	求 SAS 日期时间值 dt 的日期部分
INTNX (interval,from,*n*)	计算从 from 开始经过 *n* 个 in 间隔后的 SAS 日期。其中 interval 可以取'YEAR'、'QTR'、'MONTH'、'WEEK'、'DAY'等
INTCK (interval,from,to)	计算从日期 from 到日期 to 中间经过的 interval 间隔的个数，其中 interval 取'MONTH'等

(3)分布密度函数、分布函数

PROBNORM(*x*)	标准正态分布函数
PROBT(*x*,df<,nc>)	自由度为 df 的 t 分布函数。可选参数 nc 为非中心参数
PROBCHI(*x*,df<,nc>)	自由度为 df 的卡方分布函数。可选参数 nc 为非中心参数
PROBF(*x*,ndf,ddf<,nc>)	*F*(ndf,ddf)分布的分布函数。可选参数 nc 为非中心参数
PROBBNML(*p*,*n*,*m*)	设随机变量 *Y* 服从二项分布 *B*(*n*,*p*)，此函数计算 *P*(*Y*≤*m*)
POISSON((lambda,*n*)	参数为 lambda 的 Poisson 分布 *Y*≤*n* 的概率
PROBHYPR(*N*,*K*,*n*,*x*<,*r*>)	超几何分布的分布函数。设 *N* 个产品中有 *K* 个不合格品，抽取 *n* 个样品，其中不合格品数小于等于 *x* 的概率为此函数值。可选参数 *r* 是不匀率，默认为 *1*，*r* 代表抽到不合格品的概率是抽到合格品概率的多少倍

(4)分位数函数

PROBIT(*p*)	标准正态分布左侧 *p* 分位数。结果在−5 到 5 之间
TINV(*p*,df<,nc>)	自由度为 df 的 t 分布的左侧 *p* 分位数。可选参数 nc 为非中心参数
CINV(*p*,df<,nc>)	自由度为 df 的卡方分布的左侧 *p* 分位数。可选参数 nc 为非中心参数
FINV(*p*,ndf,ddf<,nc>)	*F*(ndf,ddf)分布的左侧 *p* 分位数。可选参数 nc 为非中心参数

(5)随机数函数

均匀分布随机数 UNIFORM(seed)	seed 必须是常数，为 0，或 5 位、6 位、7 位的奇数
均匀分布随机数 RANUNI(seed)	seed 为小于 2**31−1 的任意常数(2 的 31 次幂减一)
正态分布随机数 NORMAL(seed)	seed 为 0，或 5 位、6 位、7 位的奇数
正态分布随机数 RANNOR(seed)	seed 为任意数值常数
指数分布随机数 RANEXP(seed)	seed 为任意数值，产生参数为 1 的指数分布的随机数
二项分布随机数 ANBIN(seed,*n*,*p*)	产生参数为(*n*,*p*)的二项分布随机数，seed 为任意数值
泊松分布随机数 RANPOI(seed,lambda)	产生参数为 lambda >0 的泊松分布随机数，seed 为任意数值

(6)样本统计量函数

MEAN	计算均值
MAX	返回最大值
MIN	返回最小值
N	非缺失数据的个数
NMISS	缺失数值的个数
SUM	求和
VAR	计算方差
STD	计算标准差
STDERR	均值估计的标准误差，用 STD/SQRT(*N*)计算
CV	计算变异系数
RANGE	计算极差
CSS	离差平方和
USS	平方和
SKEWNESS	偏度
KURTOSIS	峰度

4.2.2　数据标准化

SAS 系统默认的数据标准化方法是 Z-Score（Z 得分）法。如将变量 X 进行 Z-Score 变化，具体公式为：$Z=\dfrac{X-\mu_X}{\sigma_X}$。其中，$\mu_X$ 和 σ_X 分别表示 X 的均值和标准差。按照这个公式，可把变量 X 转换为均值为 0、标准差或方差为 1 的标准化数列，这也是最常见的标准化方法。

1．使用菜单法进行数据标准化

利用 SAS/ANALYST 模块菜单来实现数据标准化。如对 SASUSER.Baby 中的体重变量“Weight”进行标准化，使得标准化后的体重均值为 0、标准差为 1。

（1）在 SAS/ANALYST 模块中，打开系统菜单“数据”、“变换”、“标准化”，“Standardize:Baby”对话框如图 4-2-4 所示。

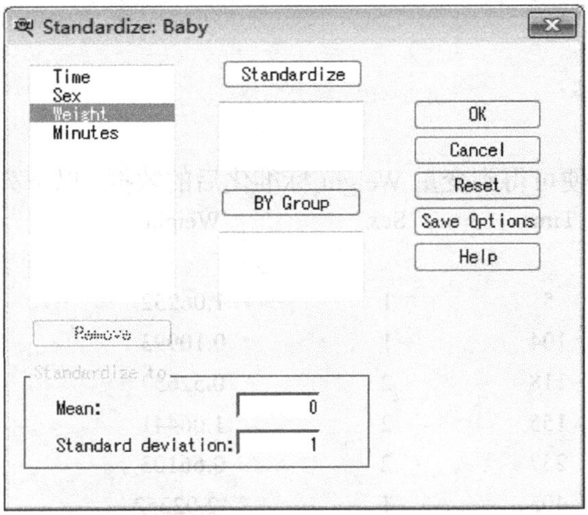

图 4-2-4　“Standardize:Baby”对话框

（2）在“Standardize:Baby”对话框中，选中“Weight”，单击“Standardize”按钮，然后在“Standardize to”分栏下的“Mean”文本输入框中输入均值“0”（系统默认数值即为 0），在“Standard deviation”文本输入框中输入标准差“1”（系统默认数值为 1）。单击“Ok”按钮，系统自动生成一个名为“Weight_stnd”的标准化变量，如图 4-2-5 所示，该变量的均值为 0，标准差为 1。

Baby (Edit)

	Weight	Minutes	Weight_stnd
1	3837	5	1.0625207708
2	3334	64	0.1099278153
3	3554	78	0.5265688694
4	3838	115	1.0644145938
5	3625	177	0.6610303005
6	2208	245	-2.022516852
7	1745	247	-2.899356889
8	2846	262	-0.814257796
9	3166	271	-0.208234444
10	3520	428	0.4621788883

图 4-2-5　数据标准化部分结果

2. 使用编程法进行数据标准化

具体程序如下：

```
proc standard data=SASUSER.Baby /*将 SASUSER.Baby 中的数据进行标准化*/
out=new mean=0 std=1;   /*输出结果名为 new 的数据集，默认存储在 work
                          中，均值为 0，标准差为 1*/
Var Weight;          /*将 SASUSER.Baby 中的变量 Weight 进行标准化*/
run;
proc print;
run;
```

也可将标准化后的数据集自定义存储位置，将它保存在一个永久数据库中，例如：

```
proc standard data=SASUSER.Baby
out=SASUSER.new mean=0 std=1;/*输出结果名为 new 的数据集，自定义存储在
                               SASUSER 中，均值为 0，标准差为 1*/
Var Weight;
run;
proc print;
run;
```

通过以上程序，便可得到变量 Weight 标准化后的数据，以下列出截取的部分数据。

Obs	Time	Sex	Weight	Minutes
1	5	1	1.06252	5
2	104	1	0.10993	64
3	118	2	0.52657	78
4	155	2	1.06441	115
5	257	2	0.66103	177
6	405	1	–2.02252	245
7	407	1	–2.89936	247
8	422	2	–0.81426	262
9	431	2	–0.20823	271
10	708	3	0.46218	428
…	…	…	…	…

4.3 本讲小结

本讲主要介绍了数据审核与数据变换的内容，通过菜单法和编程法两种方法，逐一对数据查错、检查逻辑关系、数据修正、数据函数变换、数据标准化内容进行了说明。数据管理是统计分析的前提，也是一项必不可少的重要环节。

第 5 讲　单变量简单汇总和概括

面对一大堆数据，会使人眼花缭乱。没有人能够直接看懂和掌握那些巨大数据集中的所有数值，因此无法对数据集所表示的内容形成初步印象，数据的特征值需要计算才能掌握。根据变量多少的差别，可将统计分析划分为单变量分析、双变量分析和多变量分析。在这一讲中首先介绍单变量的统计分析。

统计科学分为两大部分：描述统计和推断统计。描述统计是用最简单的概括形式反映出大量数据资料所容纳的基本信息。推断统计是用样本调查中所得到的数据资料来推断总体的情况，这一讲将介绍描述统计的 SAS 过程等内容。

描述统计提供了将原始数据整理成有用形式的方法，这些方法包括对数据集中所包含信息的整理、概括、描述及展示。具体来说，这些方法包括频数分析(分布表、统计图)以及一些概括性的数值——平均数、中位数、众数等集中趋势的度量以及极差、标准差、变异系数等离散趋势的度量。

本讲例题中的数据为 Regl(人事管理)数据集。该数据集共有 12 个变量，即姓名(name)、性别(sex)、学历(xl)、职称(zc)、基本工资(bp)、生活补贴(la)、工龄工资(sp)、住房公积金(hf)、失业保险(ui)、应发工资(ss)、所得税(it)、实发工资(ps)；共 47 个观测值。

5.1　频 数 分 析

频数分析是统计分析的最基本内容，也是描述分析的重要部分。在统计中经常用频数分布表和频数分布图来揭示和反映原始资料的数量特征。

对于一组数据，考察不同的数值出现的频数，或者数据落入某个区间的频数，可以了解数据的分布状况。通过频数分析，能使用户了解变量值的分布情况。

5.1.1　频数分布表

频数分布表包含两个要素：变量值、与变量值相对应的频数和(或)频率。频数分布表通常由行列交叉组成。

在 SAS 系统中，通常采用 TABULATE 过程和 FREQ 过程来制作频数分布表。

1. 用 TABULATE 过程制作频数分布表

例：对 Regl 数据集中的变量性别(sex)绘制一个简单的频数分布表。

```
proc tabulate data=SASUSER.regl;
class sex ;                          /*指定 sex 为分类变量*/
table sex ;
run;
```

输出结果为

sex	
男	女
N	N
28.00	19.00

例：对 Regl 数据集中的性别(sex)和学历(xl)进行分类统计。

```
proc tabulate data=SASUSER.regl;
class sex xl;
table sex xl;
run;
```

输出结果为

sex		xl				
男	女	本科	博士	大专	高中	硕士
N	N	N	N	N	N	N
28.00	19.00	13.00	9.00	12.00	2.00	11.00

一个 TABLE 语句后面可接 1~3 个由逗号分隔开的表达式，它们按从左到右的顺序分别表示表格的页、行和列。如果只有一个，则表示列。

```
proc tabulate data=SASUSER.regl;
class sex xl;
table sex,xl;                    /*sex 为列表达，xl 为行表达*/
run;
```

输出结果为

	xl				
	本科	博士	大专	高中	硕士
	N	N	N	N	N
sex					
男	10.00	4.00	8.00	1.00	5.00
女	3.00	5.00	4.00	1.00	6.00

若指定变量名形式为 variable1*variable2，则将变量 2 嵌套到变量 1 中产生表格，如将学历(xl)嵌套到性别(sex)中：

```
proc tabulate data=SASUSER.regl;
class zc sex xl;
table zc,(sex*xl);                    /*将 xl 嵌套到 sex 中*/
run;
```

输出结果为

	sex									
	男					女				
	xl					xl				
	本科	博士	大专	高中	硕士	本科	博士	大专	高中	硕士
	N	N	N	N	N	N	N	N	N	N
zc										
副教授	.	2.00	.	.	3.00	.	4.00	.	.	3.00
副研究员	5.00	.	.	.	.	2.00	.	1.00	.	.
高级工程师	.	.	5.00	.	.	.	.	.	.	.
工程师	.	.	2.00	1.00	.	1.00	.	3.00	1.00	.
讲师	.	2.00	.	.	.	.	.	.	.	2.00
教授	.	.	.	.	1.00	.	1.00	.	.	.
研究员	3.00	.	.	.	.	.	.	.	.	.
助教	.	.	.	.	1.00	.	.	.	.	1.00
助理工程师	.	.	1.00	.	.	.	.	.	.	.
助理研究员	2.00	.	.	.	.	.	.	.	.	.

TABULATE 过程可以加入关键字 all 计算各变量的总频数，例如，在 Regl 数据集中对性别(sex)和学历(xl)进行总和。

```
proc tabulate data=SASUSER.regl;
class sex xl;
table sex all ,xl all;
keylabel all='合计';                      /*给 all 添加关键字为"合计"*/
run;
```

输出结果为

	xl					
	本科	博士	大专	高中	硕士	合计
	N	N	N	N	N	N
sex						
男	10.00	4.00	8.00	1.00	5.00	28.00
女	3.00	5.00	4.00	1.00	6.00	19.00
合计	13.00	9.00	12.00	2.00	11.00	47.00

利用 TABULATE 过程也可以计算变量的平均值、最大值、最小值等统计量，例如，对 Regl 数据集中的基本工资(bp)和生活补贴(la)计算平均值、最大值和最小值。

```
proc tabulate data=SASUSER.regl;
var bp la ;                         /*指定 bp 和 la 为分析变量*/
table (bp la)*(mean min max);
run;
```

输出结果为

bp			la		
Mean	Min	Max	Mean	Min	Max
2006.60	1250.00	2900.00	1223.40	800.00	1500.00

结合 class 可计算各分类变量的百分比：

```
proc tabulate data=SASUSER.regl;
class sex;
table sex*(n pctn);
run;
```

输出结果为

sex			
男		女	
N	PctN	N	PctN
28.00	59.57	19.00	40.43

2．用 FREQ 过程制作频数分布表

FREQ 过程包含在 SAS 的 Base 模块中，它可以执行描述性统计及假设检验的功能，产生从一维到 *n* 维的表格，即频数表和列联表。

对于单因素的频数表，FREQ 过程可以进行比率之间的比较；对于列联表资料(两个或更多因素)，它可以对两因素间的关系进行统计学推断，必要时可以按照某些因素进行分层分析。

例如，对 Regl 数据集中的性别(sex)做简单的单因素频数表，具体程序如下：

```
proc freq data=SASUSER.regl;
tables sex;
run;
```

输出结果如图 5-1-1 所示。

FREQ PROCEDURE

sex	频数	百分比	累积频数	累积百分比
男	28	59.57	28	59.57
女	19	40.43	47	100.00

图 5-1-1　性别频数分布表

如果需要制作两个变量的列联表，则在 TABLES 语句中用“*”连接两个变量。第一个变量的值形成表的行，而第二个变量的值形成表的列。例如，对 Regl 数据中的性别(sex)和学历(xl)制作列联表：

```
proc freq data=SASUSER.regl;
tables sex*xl;
run;
```

输出结果如图 5-1-2 所示。

FREQ PROCEDURE

表 - sex * xl

sex		xl					
	频数 百分比 行百分比 列百分比	本科	博士	大专	高中	硕士	合计
男		10 21.28 35.71 76.92	4 8.51 14.29 44.44	8 17.02 28.57 66.67	1 2.13 3.57 50.00	5 10.64 17.86 45.45	28 59.57
女		3 6.38 15.79 23.08	5 10.64 26.32 55.56	4 8.51 21.05 33.33	1 2.13 5.26 50.00	6 12.77 31.58 54.55	19 40.43
合计		13 27.66	9 19.15	12 25.53	2 4.26	11 23.40	47 100.00

图 5-1-2　性别和学历列联表

5.1.2 频数分布图示

统计图能用点、线、面、体来形象地表示数量资料信息，让用户方便、直观地发现和分析问题。数据集的变量分为定性变量和定量变量：定性变量主要反映现象的分类情况；定量变量主要反映现象的数值大小。因此，对不同的变量采用的图形表示也不同。表示定量变量常用的图形有直方图、箱形图、茎叶图、散点图等。定性变量可以描绘出它们各类的比例，常用饼图和条形图等表示。

频数分布图示包含许多种类，详见表 5-1。

表 5-1 常见的频数分布图示种类

频数分布图示类型	主 要 特 征
条形图	通常纵轴表示数量大小，横轴表示分组情况。用绝对数或相对数均可表示数量，图中各条形(矩形)反映了其数量的大小
直方图	表示连续变量各区间上频数的分布情况。图中各矩形的高度表示各组频数或频率的大小
饼图	表示事物内部的构成情况。图中每个扇形面积的大小表示各组频数或频率的大小，将圆心角看成 100%，把每一部分所占的百分比数折算成圆心角的度数，画出对应的扇形
茎叶图	对数据的形象进行初步的概述，类似直方图，不过用数据代替直方图中的矩形，不仅有直观图示，还可比较准确地掌握具体数据。在此图形中，每一数据被分解为茎、叶两部分
箱形图	又称箱图、箱线图。常采用“五数概括”，即变量值中的最小值、下四分位数、中位数、上四分位数与最大值来粗略描述变量的分布。“箱体”的上下边分别为上、下四分位数，两者之间的横线代表中位数。“箱体”两端的线段分别趋向最大值和最小值
正态概率图	此图主要用于辅助判断随机变量是否服从正态分布。如果某组随机变量服从正态分布，则正态概率图将是一条直线

频数分布图可通过菜单操作完成，也可通过编程法进行，此处以编程操作为主进行介绍。接下来将对属性变量频数分布图和连续型变量频数分布图两部分进行介绍。

1．属性变量频数分布图

(1)条形图

条形图利用相同宽度条形的长短或高低表现各个相互独立的统计数据大小或变动情况，可分成水平条形图(又称带形图)和垂直条形图(又称柱形图)，分别用 HBAR 和 VBAR 语句实现。

例如，对 Regl 数据中的学历(xl)绘制垂直条形图，具体程序如下：

```
proc gchart data=SASUSER.regl;
vbar xl;
pattern v=x5 c=gray;   /*设定条形图格式为 x5，颜色为 gray(灰色)*/
run;
```

输出结果如图 5-1-3 所示。

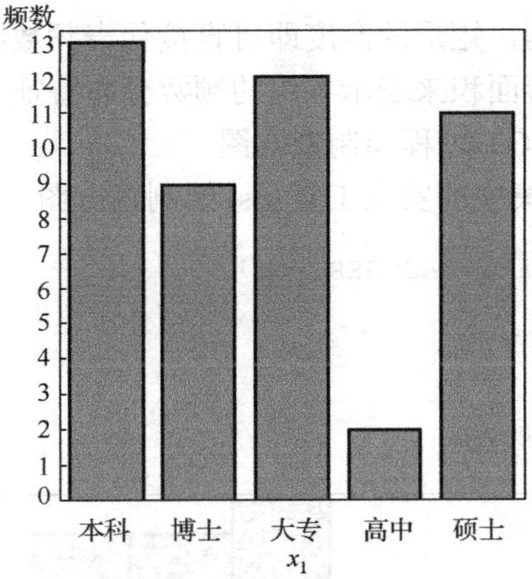

图 5-1-3　学历垂直条形图

如果将上述程序中的“vbar”换成“hbar”，则会绘制关于学历的水平条形图。

(2)饼图

饼图可以描述分类变量中各类数据的频数或比例，可以帮助用户快速查看各类数据所占的比例情况。使用饼图的三点要求：要绘制的数值没有负值；要绘制的数值几乎没有零值；类别数目不超过 7 个。

例如，对 Regl 数据集中的学历(xl)绘制 3D 饼图，具体程序如下：

```
proc gchart data=SASUSER.regl;
Pie3D xl;                       /*若要绘制二维饼图，则去掉"3D"即可*/
run;
```

输出结果如图 5-1-4 所示。

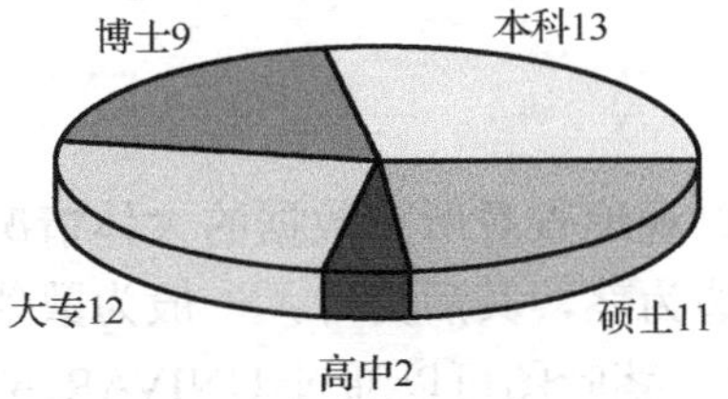

图 5-1-4　学历饼图

2. 连续型变量频数分布图

(1)直方图

直方图是根据变量的取值来显示其频数分布情况的图形。它的横轴代表数据分组，纵轴可用频数或百分比表示，这样组别与其相应的频数就形成了一个矩形。在通常情况下，横轴和纵轴也可以互换。

对于等距分组的数据，矩形的高度即可直接代表频数的分布；而对于不等距分组的数据，则需要用矩形面积来表示各组的频数分布特征。

SAS 中可采用 SGPLOT 过程绘制直方图。

例如，对 Regl 数据集中的实发工资(ps)绘制直方图，具体程序如下：

```
proc sgplot data=SASUSER.regl;
histogram ps;
run;
```

输出结果如图 5-1-5 所示。

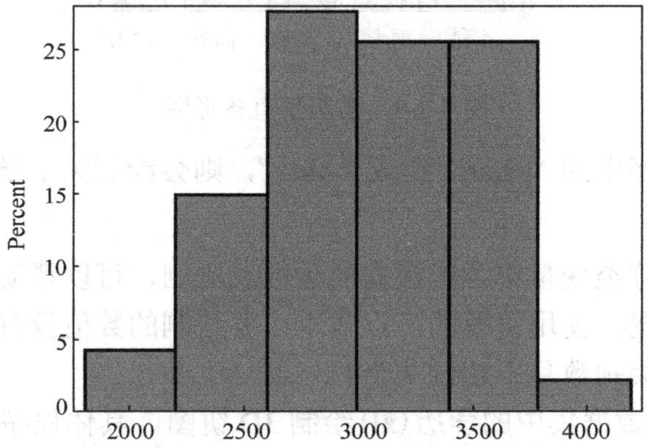

图 5-1-5　实发工资直方图

PLOT 过程是最基本的文本绘图，输出结果显示在输出窗口中；GPLOT 是 graphic version(图形版本)，输出结果显示在 graph 窗口；上述程序中的 SGPLOT 是 SAS 9.2 新增的过程步，输出结果生成为 SGPlot.png 图片，分辨率更高。proc sgplot 提供了强大的绘图功能。

(2) 茎叶图

茎叶图可以帮助用户直观地查看所有数据的大体情况，用于记录数据变化幅度不大的数。茎叶图的最左边为茎，其后为叶，一般为数值的后几位，最后一列为数据的频数。在 SAS 系统中，茎叶图可以通过 UNIVARIATE 过程来实现，由于通过 UNIVARIATE 过程可以同时绘制茎叶图、箱形图和正态概率图，因此具体程序见正态概率图部分。

(3) 箱形图

比直方图简单一些的是箱形图。盒子的中间横线是数据的中位数。封闭盒子的上下两横线为上下四分位数，其意义为数据中有 1/4 的数目大于上四分位数，即在盒子之上；另外有 1/4 的数目小于下四分位数，即在盒子之下。因此，1/2 的数目在中间封闭盒子的范围内，1/2 分布在盒子上下两边。在盒子上下两边分别各有一条纵向的线段，表明盒子外面点的分布。

例如，对 Regl 数据集中的 ps 变量按 sex 分类绘制箱形图，具体程序如下：

```
proc sort data=SASUSER.regl;
by sex;                          /*根据性别对数据集进行分类*/
run;
proc boxplot data=SASUSER.regl;
plot ps*sex;
run;
```

输出结果如图 5-1-6 所示。

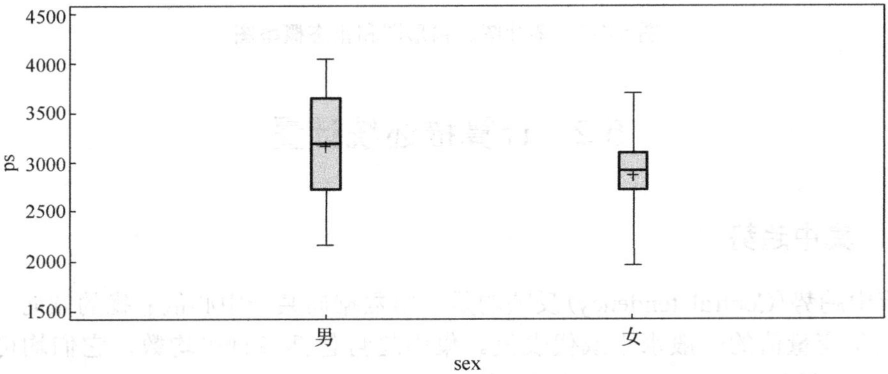

图 5-1-6　ps 箱型图

箱形图同样可以通过 UNIVARIATE 过程来实现，具体程序见下面的正态概率图部分。

(4) 正态概率图

正态概率图又称 Q-Q 图，用于帮助用户大致确定数据是否符合正态分布。正态概率图的横轴为标准百分位的百分位数，纵轴为实际观测值，使用“*”号代表实际的观测值，“+”号代表正态分布的参考线，当实际观测的点(*)与参考线上的点较为接近时，即可大致判定数据服从正态分布。

例如，对 Regl 数据集中的 ps 变量绘制箱形图，具体程序如下：

```
proc univariate data=SASUSER.regl plot;
var ps;
run ;
```

输出结果如图 5-1-7 所示。从图中可以看出，数据大致服从正态分布。

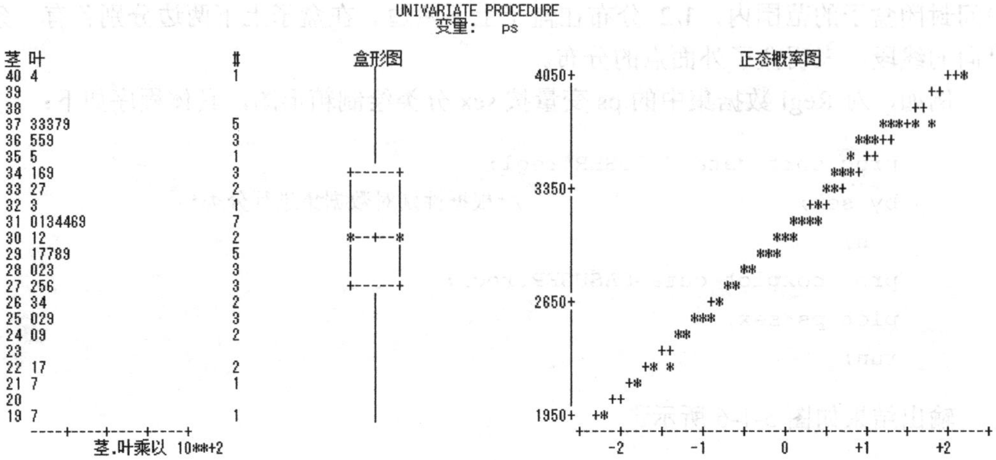

图 5-1-7　茎叶图、箱形图和正态概率图

5.2　计算描述统计量

5.2.1　集中趋势

集中趋势(Central tendency)反映的是一组数据向某一中心值靠拢的倾向。集中趋势就是变量值的一般水平或代表值。集中趋势包括各种平均数，它们均可通过 MEANS 过程和 UNIVARIATE 过程计算。

1．均值(Mean)

均值是“算数平均数”的简称，如果有一组样本数据 $x_1,x_2,\cdots,x_n$，则样本均值为各样本数据相加后除以样本个数得到的值。数学定义为：

$$\overline{X}=\frac{1}{n}\sum_{i=1}^{n}x_i$$

这里 n 为样本容量，x_i 为样本点的数值。样本均值反映了变量取值的集中趋势，习惯上用 $\overline{X}$ 表示，它是最常用的基本统计量之一。

例如，对 Regl 数据集中的实发工资(ps)计算均值。

(1)采用 MEANS 过程计算平均数

具体程序如下：

```
proc means data=SASUSER.regl mean;
var ps;
run;
```

输出结果如图 5-2-1 所示。

```
MEANS PROCEDURE
分析变量: ps
        均值
------------
     3053.16
------------
```

图 5-2-1　ps 均值

(2) 采用 UNIVARIATE 过程计算平均数

实例见本讲末。

2. 众数、中位数

众数和中位数是根据总体中处于特殊位置上的个别单位或部分单位的标志值来确定的代表值，对于整个总体来说，具有非常直观的代表性。因此，常用来反映分布的集中趋势。SAS 中计算众数和中位数的语句是 MEANS 和 UNIVARIATE 过程，采用 UNIVARIATE 过程计算众数和中位数实例见本讲末。

(1) 众数 (Mode)

众数是一组数据中出现次数最多的变量值。通常用 M_0 表示。

例如，对 Regl 数据集中的实发工资 (ps) 计算众数，具体程序如下：

```
proc means data=SASUSER.regl mode;
var ps;
run;
```

输出结果如图 5-2-2 所示。

```
MEANS PROCEDURE
分析变量: ps
        众数
------------
     3727.50
------------
```

图 5-2-2　ps 众数

(2) 中位数 (Median)

中位数是将数据按大小顺序排列起来，形成一个数列，居于数列中间位置的值就是中位数。中位数用 Me 表示。确定中位数，必须将总体各单位的标志值按大小顺序排列。设排序的结果为：$x_1 \leqslant x_2 \leqslant x_3 \leqslant \cdots \leqslant x_x$，则中位数就可以按下面的方式确定：

$$M_e = \begin{cases} x_{\frac{n+1}{2}} & n\text{为奇数} \\ \dfrac{x_{\frac{n}{2}} + x_{\frac{n}{2}+1}}{2} & n\text{为偶数} \end{cases}$$

例如，对 Regl 数据集中的实发工资 (ps) 计算中位数，具体程序如下：

```
proc means data=SASUSER.regl median;
var ps;
run;
```

输出结果如图 5-2-3 所示。

```
MEANS PROCEDURE
分析变量：ps
      中位数
------------
     3018.30
------------
```

图 5-2-3　ps 中位数

5.2.2　离散趋势

变量的分布有集中趋势和离散趋势两个主要特征。仅仅用集中趋势来描述数据的分布特征是不够的，只有把集中趋势和离散趋势结合起来，才能全面地认识变量的分布特征。均值的代表性如何，取决于变量值之间的变异程度。在统计中，把反映现象总体中各个变量值之间差异程度的指标称为离散程度指标。

1．极差(Range)

极差又称全距，是指一组数据的观察值中的最大值和最小值之差。用公式表示为：

极差=最大观察值–最小观察值

$$R = \max(x_i) - \min(x_i)$$

例如，对 Regl 数据集中的实发工资(ps)计算极差，具体程序如下：

```
proc means data=SASUSER.regl range;
var ps;
run;
```

输出结果如图 5-2-4 所示。

```
MEANS PROCEDURE
分析变量：ps
        极差
------------
     2074.95
------------
```

图 5-2-4　ps 极差

2．方差和标准差(σ^2 和σ)

方差通常用字母σ^2 来表示。为了使统计量的单位同观察值的单位相一致，通常将方差开平方，即得到标准差σ。标准差是描述数据离散趋势最常用的统计量。在统计中我们通常用σ^2 和σ分别表示总体的方差和标准差。

标准差的计算公式如下：

$$\sigma = \sqrt{\frac{\sum_{i=1}^{n}(x_i - \overline{x})^2}{n}}$$

例如，对 Regl 数据集中的实发工资(ps)计算方差和标准差，具体程序如下：

```
proc means data=SASUSER.regl var std;
var ps;
run;
```

输出结果如图 5-2-5 所示。

MEANS PROCEDURE

分析变量：ps

方差	标准差
242643.89	492.5889713

图 5-2-5　ps 方差和标准差

5.2.3　分布形状

集中趋势和离散趋势是数据分布的两个重要特征，但要全面了解数据分布的特点，还需要掌握数据分布的形状是否对称、偏斜的程度及扁平程度等。反映这些分布特征的测度值是偏度和峰度。

偏度是对数据分布对称性的测度。偏度的计算方法有很多，通常采用三阶中心距的计算方法，其主要考察离差三次方之和与标准差的三次方的比例，即

$$\mathrm{SK}=\frac{n\sum(x_i-\bar{x})^3}{(n-1)(n-2)s^3}$$

其中 s 表示样本标准差。

如果数据对称地分布在中心(均值)的两侧，则偏度值为 0；如果数据向左偏，在左侧的分布更多，则偏度的值小于 0；如果数据向右偏，在右侧的分布更多，则偏度的值大于 0。

在 SAS 系统中，利用 skewness 函数可以计算偏度。

峰度是用来反映数据分布曲线顶端陡峭或扁平程度(对标准正态分布而言)的指标。峰度通常用四阶中心矩进行计算，考察四阶矩与标准差四次方之间的比例关系，即

$$K=\frac{n(n+1)\sum(x_i-\bar{x})^4-3\left[\sum x_i-\bar{x})^2\right]^2(n-1)}{(n-1)(n-2)(n-3)s^4}\text{。}$$

SAS 系统中的计算公式是四阶中心矩与标准差四次方比值减去 3 后的值(即 SAS 计算出来的峰度=K−3)。

如果数据服从标准正态分布，则峰度的值等于 0。如果峰度明显不等于 0，则表示数据分布比标准正态分布更陡峭或更扁平。如果峰度大于 0，说明比正态分布陡峭；如果峰度小于 0，则说明数据分布比正态分布平坦。

在 SAS 系统中，利用 kurtosis 函数可以计算峰度。

例如，对 Regl 数据集中的实发工资(ps)计算偏度和峰度，具体程序如下：

```
proc means data=SASUSER.regl skewness kurtosis;
var ps;
run;
```

输出结果如图 5-2-6 所示。

MEANS PROCEDURE

分析变量：ps

偏度	峰度
-0.0907722	-0.6111703

图 5-2-6　ps 偏度和峰度

本讲中的所有语句都可使用 UNIVARIATE 过程完成，例如，对 Regl 数据集中实发工资(ps)的均值、众数、中位数、标准差、方差、极差、偏度和峰度等统计量进行计算，具体程序如下：

```
proc univariate data=SASUSER.regl;
var ps;
run;
```

输出结果如下：

SAS 系统

UNIVARIATE PROCEDURE

变量:　ps

矩

N	47	权重总和	47
均值	3053.16447	观测总和	143498.73
标准差	492.588971	方差	242643.895
偏度	-0.0907722	峰度	-0.6111703
未校平方和	449286843	校正平方和	11161619.2
变异系数	16.1337188	标准误差均值	71.8514861

基本统计测度

位置		变异性	
均值	3053.164	标准差	492.58897
中位数	3018.300	方差	242644
众数	3727.500	极差	2075
		四分位极差	735.21000

分位数(定义 5)

分位数	估计值
100%　最大值	4040.70
99%	4040.70
95%	3766.65
90%	3727.50
75% Q3	3457.50
50%　中位数	3018.30
25% Q1	2722.29
10%	2404.86
5%	2211.90
1%	1965.75
0%　最小值	1965.75

极值观测

------最小值-----		------最大值-----	
值	观测	值	观测
1965.75	36	3727.50	12
2171.67	46	3727.50	38
2211.90	30	3766.65	45
2273.37	35	3790.14	7
2404.86	27	4040.70	24

5.3　本讲小结

本讲介绍了利用 SAS 系统进行描述统计分析的步骤和方法，主要讲述了如何制作频数分布表、如何绘制条形图、直方图、饼图、箱形图和正态概率图；详细介绍了常用的描述统计量：集中趋势、离散趋势和分布形状等的计算方法，即通过 SAS 系统计算了样本均值、众数、中位数、极差、方差、标准差、偏度、峰度等。在实际使用中，用户可以灵活选择不同的途径实现描述性统计分析。

第 6 讲　参数估计和假设检验

本讲介绍如何利用 SAS 系统实现统计推断。统计推断是根据总体随机抽样获取的样本数据进行分析来推断总体的统计方法。在统计学中，统计推断研究的两大核心问题是参数估计和假设检验。本讲重点介绍样本均值和方差的区间估计、均值检验、正态分布拟合检验。

6.1　参 数 估 计

参数估计是利用样本统计量对总体参数进行估计，包括点估计和区间估计。其中，点估计是直接使用抽样样本获取统计参数值估计总体的特征。区间估计是在点估计的基础上，给出总体参数的区间，同时给出这一区间的可靠程度，即该区间包含总体参数的概率(置信度)。

下面通过实例讲解 SAS 系统中正态总体的区间估计。

【例 6.1.1】 某工厂一种节能灯泡的寿命服从正态分布，从某批产品中随机抽取 20 个，测出其寿命，如表 6-1 所示。试估计总体均值和标准差的 95%置信区间。

表 6-1　节能灯泡寿命表　　　　**单位：小时**

205	223	198	207	200	210	205	185	185	206
194	200	194	205	198	200	185	206	194	205

具体程序如下：

```
proc ttest data=SASUSER.test_611;
var hour;
run;
```

输出结果如图 6-1-1 所示。此结果包括变量 hour 的简单描述性统计量，均值、标准差的置信区间和 T 检验结果。观察可知，这批灯泡寿命均值的 95%置信区间为(195.90，204.60)，标准差的 95%置信区间为(7.06，13.57)。

SAS 系统默认的置信水平 α 为 0.05，用户也可自行设置，若将本程序的第一行改为：

```
proc ttest data=SASUSER.test_611 alpha=0.01;
```

则程序运行成功后，系统将输出正态总体均值和标准差的 99%置信区间。

```
                    The TTEST Procedure
                      Variable:  hour
  N       Mean     Std Dev     Std Err    Minimum    Maximum
  20     200.3      9.2899      2.0773      185.0      223.0
     Mean       95% CL Mean        Std Dev      95% CL Std Dev
    200.3      195.9     204.6      9.2899      7.0649   13.5686
                      DF    t Value     Pr > |t|
                      19      96.40      <.0001
```

图 6-1-1 单样本正态总体区间估计结果

6.2 假设检验

假设检验是统计推断的另一重要组成部分，分为参数假设检验和非参数假设检验。参数假设检验是对总体分布中的未知参数提出某种假设，然后利用样本信息对所提出的假设进行检验，根据检验结果做出接受或者拒绝原假设的判断。非参数假设检验主要是对总体分布函数形式或者总体的性质提出某种假设。本讲主要介绍用编程法进行参数假设检验，第 8、9、10 讲将介绍菜单操作法。

假设检验的步骤：

(1) 提出原假设和备择假设；

(2) 确定适当的检验统计量并计算它的值；

(3) 规定显著性水平；

(4) 做出统计决策。

6.2.1 单样本 T 检验

单样本 T 检验主要适用于样本均值和总体均值的比较。下面通过例 6.2.1 介绍如何通过编程法进行单样本 T 检验。

【例 6.2.1】 某商店中一种商品的日销售均值为 56 件，该商店在 2 月开展促销活动，当月的日销售量数据如表 6.2 所示，试分析促销是否有效。(取 α=0.01)

表 6.2 某商店 2 月日销售量数据 **单位：件**

57.5	59.5	60.4	59.1	55.8	58.1	63.9
60.2	66.8	58.6	56.4	57.5	63.1	64.9
60.2	57.7	62.1	58.6	55.9	61.2	56.8
61.9	60.5	63.8	59.7	63.2	61.5	57.9

具体程序如下：

1. 调用 TTEST 过程进行分析

```
proc ttest data=SASUSER.test_621 sides=u;
```

```
var sales;
run;
```

运行程序后，输出结果如图 6-2-1 所示。

```
                The TTEST Procedure
                 Variable:  sales
 N        Mean      Std Dev     Std Err     Minimum     Maximum
28     60.1036      2.8564      0.5398     55.8000     66.8000
   Mean        95% CL Mean         Std Dev       95% CL Std Dev
60.1036     59.1841   Infty         2.8564      2.2583    3.8879
                 DF      t Value     Pr > t
                 27      111.34      <.0001
```

图 6-2-1　单样本 T 检验结果

2. 调用 MEANS 过程进行分析

```
data SASUSER.test_621;
y=sales-56;
run;
proc means data=SASUSER.test_621 t prt;
var y;
run;
```

运行程序后，输出结果如图 6-2-2 所示。

```
 MEANS PROCEDURE
  分析变量：y
  t 值     Pr > |t|
--------------------
  7.60     <.0001
--------------------
```

图 6-2-2　单样本 T 检验结果

无论是用 TTEST 过程求得的右侧检验结果，还是 MEANS 过程求得的双侧检验结果，检验的 *P* 值小于 0.0001，明显小于显著性水平 0.01，则样本的均值和总体均值 56 不相等，且由单侧检验结果可以判断样本的均值大于总体的均值，即可得出结论：促销活动有效提高了商品的当月销售量。

6.2.2　配对样本 T 检验

配对样本 T 检验，即配对实验设计的同一样本两次观测的均值比较，它用于检验两个相关样本或者成对样本的均值差异是否显著。下面通过例 6.2.2 介绍怎样通过编程法进行配对样本 T 检验。

【例 6.2.2】 表 6.3 中数据为某厂 10 名工人生产产品的合格率(%)，现采用了新技术，试分析在 95%的置信度下采用新技术后产品的合格率是否有显著提高。

表 6.3　某厂 10 名工人采用新技术前后产品合格率数据　　　单位：%

工人编号	1	2	3	4	5	6	7	8	9	10
采用技术前	89.3	92.1	91.3	93.4	98.3	95.3	93.3	92.3	94.1	91.8
采用技术后	90.2	92.3	90.4	95.2	98.3	94.2	95.0	92.9	94.7	91.5

具体程序如下：

1．调用 TTEST 过程进行分析

```
proc ttest data=SASUSER.test_622 sides=u ;
paired after*before;
run;
```

运行程序后，输出结果如图 6-2-3 所示。

```
The TTEST Procedure
Difference:  after - before
N      Mean     Std Dev    Std Err    Minimum    Maximum
10    0.6500    1.4215     0.4495    -1.1000     3.6000
Mean       95% CL Mean        Std Dev     95% CL Std Dev
0.6500    -0.1740   Infty     1.4215      0.9777   2.5950
DF     t Value     Pr > t
9       1.45      0.0910
```

图 6-2-3　配对样本 T 检验结果

2．调用 MEANS 过程进行分析

```
data SASUSER.test_622;
set SASUSER.test_622;
y=after-before;
run;
proc means data=SASUSER.test_622 t prt;
var y;
run;
```

输出结果如图 6-2-4 所示。

```
MEANS PROCEDURE
分析变量：y
 t 值      Pr > |t|
--------------------
 1.45       0.1821
--------------------
```

图 6-2-4　配对样本 T 检验结果

3. 调用 UNIVARIATE 过程进行分析

```
data SASUSER.test_622;
set SASUSER.test_622;
y=after-before;
run;
proc univariate data=SASUSER.test_622 vardef=df;
var y;
run;
```

运行程序后，输出部分结果如图 6-2-5 所示。

```
              位置检验: Mu0=0

检验           --统计量---    -------P 值-------

Student t      t  1.446032    Pr > |t|     0.1821
符号           M       1.5    Pr >= |M|    0.5078
符号秩         S        10    Pr >= |S|    0.2617
```

图 6-2-5　配对样本 T 检验部分结果

分析以上三个过程的输出结果，可以发现 t 统计量的值都为 1.45，得到的 *P* 值都大于设定的显著性水平 0.05，则接受原假设，得出结论：配对样本的均值不相等。即采用了新的技术后产品的合格率有显著提高。

6.2.3　独立样本的 T 检验

独立样本 T 检验在满足 T 检验分析的假设条件下，用于分析两个独立样本均值是否存在显著差异。接下来通过例 6.2.3 介绍怎样通过编程法进行独立样本 T 检验。

【例 6.2.3】 现对甲、乙两车间工人完成某项工艺的时间(分钟)进行抽样统计，其基本情况如表 6.4 所示，试分析在 95%的置信度下甲乙两车间工人的工作效率是否有显著差异。

表 6.4　甲、乙两车间工人完成某项工艺的时间　　　　**单位：分钟**

车　间	1	2	3	4	5	6	7	8	9	10
甲	30.1	28.9	29.5	30.7	31.0	30.6	33.3	29.7	32.4	30.4
乙	29.7	28.7	30.2	31.9	32.8	33.2	31.6	30.2	29.8	30.3

调用 TTEST 过程进行分析，具体程序如下：

```
proc ttest data=SASUSER.test_623;
class A;
var B;
run;
```

运行程序后，输出结果如图 6-2-6 所示。

```
                              The TTEST Procedure

                                 Variable:  b

      a              N         Mean      Std Dev      Std Err      Minimum      Maximum

      1             10      30.6600       1.3277       0.4198      28.9000      33.3000
      2             10      30.8400       1.4600       0.4617      28.7000      33.2000
      Diff (1-2)           -0.1800       1.3954       0.6240

 a           Method              Mean       95% CL Mean           Std Dev       95% CL Std Dev

 1                            30.6600     29.7103  31.6097        1.3277       0.9132    2.4238
 2                            30.8400     29.7956  31.8844        1.4600       1.0042    2.6654
 Diff (1-2)  Pooled           -0.1800     -1.4911   1.1311        1.3954       1.0544    2.0635
 Diff (1-2)  Satterthwaite    -0.1800     -1.4919   1.1319

               Method            Variances        DF      t Value     Pr > |t|

      第十行   Pooled            Equal            18        -0.29       0.7763
    第十一行   Satterthwaite     Unequal       17.84        -0.29       0.7763

                                Equality of Variances

                   Method        Num DF     Den DF     F Value     Pr > F

                   Folded F           9          9        1.21     0.7817
```

图 6-2-6　独立样本 T 检验结果

由图 6-2-6 所示结果可知：

(1) 按变量 a(车间号) 的取值分类计算出分析变量 b(工艺时间) 的简单描述性统计量和 a 变量下的 Diff(1-2) 行为两组观测的均值差的描述性统计量。

(2) 变量均值和标准差的 95%置信区间。图 6-2-6 第 10 行和第 11 行分别为用 Pooled 方法和 Satterthwaite 方法计算的两样本均值差的 95%置信区间。

(3) 两组观测对应的检验 *P* 值为 0.7817，大于设定的显著性水平 0.05，则接受原假设，认为两组观测的方差差异不显著。即在 95%的置信度下甲、乙两车间工人的工作效率没有显著差异。

6.3　本讲小结

本讲主要介绍了如何在 SAS 系统中实现统计推断，包括参数估计和假设检验的分析。本讲主要基于编程法结合具体实例向用户演示了单个总体均值的区间估计、单个样本 T 检验、配对样本 T 检验、独立样本 T 检验。简单统计推断还可以通过 SAS/ASSIST、SAS/ANALYST、SAS/INSIGHT 等模块实现，在后续讲义中将会陆续介绍。

第 7 讲　双/多变量关系分析

本讲介绍如何运用 SAS 系统实现双/多变量分析，包括列联分析、方差分析、相关与回归分析。在 SAS 系统中可以通过菜单和编程两种方式实现双/多变量关系分析，本讲只介绍编程方法，菜单方法将在第 8 讲、第 9 讲和第 10 讲中介绍。

7.1　列 联 分 析

列联分析用来分析属性变量之间的关系。一是检验两个变量之间是否独立，二是计算两个变量的关联系数，其实就是属性变量之间的相关系数。

列联分析的目的：

(1) 产生分类汇总数据——列联表；

(2) 检验属性变量间的独立性(无关联性)；

(3) 计算属性变量间的关联性统计量。

列联表又称交互分类表，可以同时对两个或两个以上的变量进行分类。列联表按照属性变量的个数可以分为双向表(两个属性变量)、三向表(三个属性变量)、四向表(四个属性变量)，以此类推。

FREQ 过程在 5.1.1 中已经介绍，此处不再赘述。本节只介绍关联性检验的编程方法。

例如，对 Regl 数据集中的学历(xl)和职称(zc)进行关联性检验，具体程序如下：

```
proc freq data=SASUSER.regl;
tables xl*zc/chisq measures;
run;
```

执行上述程序，将生成如图 7-1-1、图 7-1-2、图 7-1-3 所示的结果。

图 7-1-1 显示了学历和职称两个变量的列联表，从表中可以获取不同学历、不同职称人数的频率、百分比、累积频数和累积百分比。以第二行第三列(图中圆圈部分)为例，有 7 个本科学历的副研究员，占总人数的 14.89%，本科学历中，副研究员占总数的 53.85%；副研究员中，本科学历占总数的 87.50%。其他单元格中的数据类似。

图 7-1-2 为变量学历和职称关联性的卡方检验结果，从卡方检验的概率(即 P 值) < 0.0001，可见 P 值小于显著性水平 0.05，则拒绝原假设，即学历和职称具有显著的关联性。图 7-1-3 进一步显示了关联性检验的相关统计量。

FREQ PROCEDURE

表 - xl * zc

xl	频数/百分比/行百分比/列百分比	副教授	副研究员	高级工程师	工程师	讲师	教授	研究员	助教	助理工程师	助理研究员	合计
本科	频数	0	7	0	1	0	0	3	0	0	2	13
	百分比	0.00	14.89	0.00	2.13	0.00	0.00	6.38	0.00	0.00	4.26	27.66
	行百分比	0.00	53.85	0.00	7.69	0.00	0.00	23.08	0.00	0.00	15.38	
	列百分比	0.00	87.50	0.00	12.50	0.00	0.00	100.00	0.00	0.00	100.00	
博士	频数	6	0	0	0	2	1	0	0	0	0	9
	百分比	12.77	0.00	0.00	0.00	4.26	2.13	0.00	0.00	0.00	0.00	19.15
	行百分比	66.67	0.00	0.00	0.00	22.22	11.11	0.00	0.00	0.00	0.00	
	列百分比	50.00	0.00	0.00	0.00	50.00	50.00	0.00	0.00	0.00	0.00	
大专	频数	0	1	5	5	0	0	0	0	1	0	12
	百分比	0.00	2.13	10.64	10.64	0.00	0.00	0.00	0.00	2.13	0.00	25.53
	行百分比	0.00	8.33	41.67	41.67	0.00	0.00	0.00	0.00	8.33	0.00	
	列百分比	0.00	12.50	100.00	62.50	0.00	0.00	0.00	0.00	100.00	0.00	
高中	频数	0	0	0	2	0	0	0	0	0	0	2
	百分比	0.00	0.00	0.00	4.26	0.00	0.00	0.00	0.00	0.00	0.00	4.26
	行百分比	0.00	0.00	0.00	100.00	0.00	0.00	0.00	0.00	0.00	0.00	
	列百分比	0.00	0.00	0.00	25.00	0.00	0.00	0.00	0.00	0.00	0.00	
硕士	频数	6	0	0	0	2	1	0	2	0	0	11
	百分比	12.77	0.00	0.00	0.00	4.26	2.13	0.00	4.26	0.00	0.00	23.40
	行百分比	54.55	0.00	0.00	0.00	18.18	9.09	0.00	18.18	0.00	0.00	
	列百分比	50.00	0.00	0.00	0.00	50.00	50.00	0.00	100.00	0.00	0.00	
合计	频数	12	8	5	8	4	2	3	2	1	2	47
	百分比	25.53	17.02	10.64	17.02	8.51	4.26	6.38	4.26	2.13	4.26	100.00

图 7-1-1　学历和职称的列联表

表 (xl * zc) 的统计量

统计量	自由度	值	概率
卡方	36	92.9250	<.0001
似然比卡方	36	95.1254	<.0001
Mantel-Haenszel 卡方	1	0.3438	0.5576
Phi 系数		1.4061	
列联系数		0.8149	
Cramer V 统计量		0.7031	

图 7-1-2　卡方检验结果

FREQ PROCEDURE

表 (xl * zc) 的统计量

统计量	值	渐近标准误差
Gamma	-0.0590	0.1563
Kendall Tau-b	-0.0517	0.1368
Stuart Tau-c	-0.0521	0.1376
Somers D C|R	-0.0544	0.1441
Somers D R|C	-0.0491	0.1300
Pearson 相关系数	-0.0865	0.1625
Spearman 相关系数	-0.0788	0.1653
Lambda 非对称 C|R	0.4000	0.0828
Lambda 非对称 R|C	0.6176	0.0872
Lambda 对称	0.5072	0.0602
不确定系数 C|R	0.4912	0.0332
不确定系数 R|C	0.6770	0.0437
不确定系数对称	0.5694	0.0333

样本大小 = 47

图 7-1-3　关联性检验统计量

7.2 方差分析

方差分析(Analysis of Variance，简称 ANOVA)，又称“变差分析”，用于两个及两个以上样本均值差别的显著性检验。方差分析的因变量是连续性变量，是随机变量，而自变量是定类或定序变量，是确定性变量。方差分析是从观测变量的方差入手，研究诸多控制变量中哪些变量是对观测变量有显著影响的变量。在方差分析中，根据所研究实验因素的多少，可分为单因素、双因素和多因素的方差分析。

7.2.1 单因素方差分析

单因素方差分析是两个样本均值比较的引申，用来检验多个均值之间的差异，从而确定因素对试验结果有无显著性影响的一种统计方法。

单因素方差分析基本步骤：

(a)提出原假设，H_0：无差异；H_1：有显著差异。

(b)选择检验统计量：方差分析采用的检验统计量是 F 统计量。

(c)计算检验统计量的观测值和概率值 P：该步骤的目的就是计算检验统计量的观测值和相应的概率值 P。

(d)给定显著性水平，并做出决策。

(e)若 $F \geqslant F_\alpha$，则拒绝原假设 H_0，表明均值之间的差异显著，因素 A 对观察值有显著影响；若 $F < F_\alpha$，则不能拒绝原假设 H_0，表明均值之间的差异不显著，因素 A 对观察值没有显著影响。

SAS 系统中可以通过 ANOVA 过程和 GLM 过程进行单因素方差分析。

1. 利用 ANOVA 过程进行单因素方差分析

【例 7.2.1】 表 7.1 为 3 个不同施肥方案下农作物年产量的统计情况，试分析施肥方案对农作物年产量是否有显著影响。

表 7.1　不同施肥方案农作物年产量　　(单位：千克)

样　本	1	2	3	4	5	6
方案 1	864	875	891	873	883	859
方案 2	921	944	986	929	973	963
方案 3	962	941	985	974	977	938

下面通过 ANOVA 过程对上述数据进行单因素方差分析，并结合方差分析的结果进行多重比较，具体程序如下：

```
data SASUSER.test_721;
```

```
set SASUSER.test_721;
run;
proc anova data=SASUSER.test_721;
class type;                          /*设置因素变量为 type*/
model output=type;                   /*设置方差分析模型*/
means type /t;                       /*多重比较设置*/
run;
```

执行上述程序，可以得到如图 7-2-1、图 7-2-2 和图 7-2-3 所示的结果。主要包含以下三部分结果。

```
                 The ANOVA Procedure

               Class Level Information

            Class         Levels    Values

            type               3    1 2 3


        Number of Observations Read          18
        Number of Observations Used          18
```

图 7-2-1　方差分析的基本信息表

第一部分如图 7-2-1 所示：此图显示了数据的基本信息。其中数据的因素变量为 type，该因素涉及不同的 3 个水平，分别为 1、2、3。同时，在方差分析中读取和使用的数据观测数为 18。

```
                              The ANOVA Procedure

Dependent Variable: output

                                        Sum of
       Source                DF        Squares     Mean Square    F Value    Pr > F

       Model                  2    28254.77778     14127.38889      36.06    <.0001

       Error                 15     5877.00000       391.80000

       Corrected Total       17    34131.77778


                   R-Square     Coeff Var      Root MSE    output Mean

                   0.827814      2.128635      19.79394       929.8889


       Source                DF       Anova SS     Mean Square    F Value    Pr > F

       type                   2    28254.77778     14127.38889      36.06    <.0001
```

图 7-2-2　单因素方差分析结果

第二部分如图 7-2-2 所示：此图显示了方差分析的结果。可知 F 统计量为 36.06，*P* 值小于 0.0001，小于显著性水平 0.05，表明不同施肥方案下农作物年产量具有显著性差异。此图同时给出了方差分析的统计量，即 R-Square(描述组间变异占总变异的比例)、Coeff Var(变异系数)、Root MSE(均方根误差)、output Mean(指标的均值)和方差分析模型的基本信息(即处理后的自由度、*F* 统计量等)。

```
The ANOVA Procedure

t Tests (LSD) for output

NOTE: This test controls the Type I comparisonwise error rate, not the experimentwise error rate.

                Alpha                              0.05
                Error Degrees of Freedom             15
                Error Mean Square                 391.8
                Critical Value of t             2.13145
                Least Significant Difference     24.358

        Means with the same letter are not significantly different.

        t Grouping          Mean       N    type

                 A        962.83       6    3
                 A
                 A        952.67       6    2

                 B        874.17       6    1
```

图 7-2-3　单因素方差分析的多重比较结果表

第三部分如图 7-2-3 所示：此图显示了多重比较的显著性水平、自由度、误差平方和、t 临界值和最小显著差异。此图同时显示了多重比较的结果，其中方案 3 和方案 2 处理为 A 组，方案 1 处理为 B 组。组内水平没有明显差距，各组间的水平具有显著性差异。

2. 采用 GLM 过程实现单因素方差分析

通过 GLM 过程也可对上述数据进行单因素方差分析，具体程序如下：

```
data SASUSER.test_721;
set SASUSER.test_721;
run;
proc glm data=SASUSER.test_721;
class type;
model output=type;
means type /t;
run;
```

执行上述程序，生成的结果主要包括数据的基本信息表(图 7-2-4)、方差分析表(图 7-2-5)、多重比较结果表(图 7-2-6)。

由图 7-2-4 可知：本次方差分析中观测共计 18 个，包括 3 个水平。

由图 7-2-5 中方差分析的 *F* 统计量的结果来看，*P* 值小于 0.05，表明不同施肥方案对农作物年产量具有显著性差异。

The GLM Procedure

Class Level Information

Class	Levels	Values
type	3	1 2 3

Number of Observations Read	18
Number of Observations Used	18

图 7-2-4　单因素方差分析基本信息表

The GLM Procedure

Dependent Variable: output

Source	DF	Sum of Squares	Mean Square	F Value	Pr > F
Model	2	28254.77778	14127.38889	36.06	<.0001
Error	15	5877.00000	391.80000		
Corrected Total	17	34131.77778			

R-Square	Coeff Var	Root MSE	output Mean
0.827814	2.128635	19.79394	929.8889

Source	DF	Type I SS	Mean Square	F Value	Pr > F
type	2	28254.77778	14127.38889	36.06	<.0001

Source	DF	Type III SS	Mean Square	F Value	Pr > F
type	2	28254.77778	14127.38889	36.06	<.0001

图 7-2-5　单因素方差分析结果表

由图 7-2-6 进一步多重比较分析发现，3 个方案的数据可以分为两组：A 组和 B 组。A 组包括方案 2、3。B 组包括方案 1。

The GLM Procedure

t Tests (LSD) for output

NOTE: This test controls the Type I comparisonwise error rate, not the experimentwise error rate.

Alpha	0.05
Error Degrees of Freedom	15
Error Mean Square	391.8
Critical Value of t	2.13145
Least Significant Difference	24.358

Means with the same letter are not significantly different.

t Grouping	Mean	N	type
A	962.83	6	3
A			
A	952.67	6	2
B	874.17	6	1

图 7-2-6　单因素方差分析多重比较结果表

7.2.2 双/多因素方差分析

多因素方差分析用来研究两个及两个以上控制变量是否对观测变量产生显著影响。多因素方差分析不仅能够分析多个因素对观测变量的独立影响，更能够分析多个控制因素的交互作用能否对观测变量的分布产生显著影响，进而最终找到利于观测变量的最优组合。这里以双因素方差分析为例。

SAS 系统中可以通过 ANOVA 过程和 GLM 过程进行双因素方差分析。

1. 利用 ANOVA 过程进行双因素方差分析

【例 7.2.2】 已知催化剂 A 和 B 均能促进化学反应的进行，现通过实验验证该现象，实验中设置了催化剂 A 的 4 个不同含量(A1：0，A2：5，A3：8，A4：10)、催化剂 B 的三种不同含量(B1：0，B2：5，B3：10)，试分析在不同催化剂含量下对化学反应速率是否有显著影响。

表 7.2 化学反应速率统计

	B1	B2	B3
A1	10.0 10.8 11.0	11.5 11.6 11.2	11.3 11.2 11.8
A2	11.2 11.6 11.4	12.3 12.3 12.7	12.2 12.5 12.6
A3	12.3 12.5 12.7	13.4 13.6 12.8	12.6 13.2 14.0
A4	12.6 12.5 12.7	12.5 12.8 12.7	13.8 12.6 12.9

下面通过 ANOVA 过程对上述数据进行双因素方差分析，具体程序如下：

```
data SASUSER.test_722;
set SASUSER.test_722;
run;
proc anova data=SASUSER.test_722;
class A B;
model x=A B A*B;
run;
```

执行上述程序，生成的结果包括双因素方差分析基本信息表和方差分析结果表，图 7-2-7 显示了方差分析的因素为 A 和 B。A 和 B 因素的水平数分别为 4 和 3。总的观测数为 36。图 7-2-8 是方差分析的 F 检验结果，其中 A 因素、B 因素和 AB 交互的 F 统计量分别为 53.6、17.3 和 1.34，相应的 P 值结果为：催化剂 A 和 B 对反应速率具有显著的影响，AB 交互作用没有显著影响。

```
The ANOVA Procedure

Class Level Information

Class        Levels    Values

A                 4    1 2 3 4

B                 3    1 2 3


Number of Observations Read        36
Number of Observations Used        36
```

图 7-2-7 双因素方差分析基本信息表

The ANOVA Procedure

Dependent Variable: x

Source	DF	Sum of Squares	Mean Square	F Value	Pr > F
Model	11	22.83222222	2.07565657	18.50	<.0001
Error	24	2.69333333	0.11222222		
Corrected Total	35	25.52555556			

R-Square	Coeff Var	Root MSE	x Mean
0.894485	2.737143	0.334996	12.23889

Source	DF	Anova SS	Mean Square	F Value	Pr > F
A	3	18.04555556	6.01518519	53.60	<.0001
B	2	3.88388889	1.94194444	17.30	<.0001
A*B	6	0.90277778	0.15046296	1.34	0.2781

图 7-2-8　双因素方差分析结果表

2. 采用 GLM 过程实现双因素方差分析

通过 GLM 过程同样可以进行双因素方差分析，具体程序如下：

```
data SASUSER.test_722;
set SASUSER.test_722;
run;
proc glm data=SASUSER.test_722;
class A B;
model x=A B A*B;
run;
```

执行上述程序，生成的结果与 ANONA 过程生成的结果相同，如图 7-2-9 和 7-2-10 所示。方差分析的结果表明催化剂 A 和 B 对反应速率具有显著的影响，AB 交互作用没有显著影响。

The ANOVA Procedure

Class Level Information

Class	Levels	Values
A	4	1 2 3 4
B	3	1 2 3

Number of Observations Read	36
Number of Observations Used	36

图 7-2-9　双因素方差分析基本信息表

The ANOVA Procedure

Dependent Variable: x

Source	DF	Sum of Squares	Mean Square	F Value	Pr > F
Model	11	22.83222222	2.07565657	18.50	<.0001
Error	24	2.69333333	0.11222222		
Corrected Total	35	25.52555556			

R-Square	Coeff Var	Root MSE	x Mean
0.894485	2.737143	0.334996	12.23889

Source	DF	Anova SS	Mean Square	F Value	Pr > F
A	3	18.04555556	6.01518519	53.60	<.0001
B	2	3.88388889	1.94194444	17.30	<.0001
A*B	6	0.90277778	0.15046296	1.34	0.2781

图 7-2-10　双因素方差分析结果表

7.3　相关与回归分析

7.3.1　相关分析

相关关系是现象(变量)之间客观存在的非确定性关系，相关分析则是研究变量之间是否存在相关关系，并探讨其相关方向以及相关程度的一种统计方法。相关关系有两个特点：一是两个变量是对等的，不分自变量与因变量；二是相关系数只有一个，且有正负号，反映正相关与负相关。

在 SAS 系统中采用 CORR 过程进行相关分析。

【例 7.3.1】 以 SAS 系统中自带数据集 SASHELP.class 为例，对变量 Age，Height，Weight 进行相关分析。

具体程序如下：

```
proc corr data=SASHELP.class;
run;
```

执行上述程序，生成结果如图 7-3-1 所示。在 CORR 过程的相关分析结果中，首先给出数据的基本描述性统计信息，然后给出变量的相关系数。

图 7-3-1 表明，Age 与 Height 的相关系数为 0.81143；Age 与 Weight 的相关系数为 0.74089；Height 与 Weight 的相关系数为 0.87779。且相关系数下方的 *P* 值均小于 0.05，说明这三个变量分别都相关。

在 CORR 过程中，还可增添常用语句 VAR 和 WITH。具体程序如下：

```
proc corr data=SASHELP.class;
var Height Age;          /*定义相关系数的变量为 Height 和 Age，否则系统将计
                           算所有数值型变量的两两相关系数*/
with Weight;   /*将生成 Weight 与 Height、Weight 与 Age 的相关系数矩阵*/
run;
```

```
                                CORR PROCEDURE
                        3 变量:    Age      Height    Weight

                                  简单统计量

变量           N         均值        标准差          总和        最小值         最大值     标签

Age           19     13.31579      1.49267     253.00000     11.00000      16.00000     年龄
Height        19     62.33684      5.12708          1184     51.30000      72.00000     身高（英寸）
Weight        19    100.02632     22.77393          1901     50.50000     150.00000     体重（磅）

                           Pearson 相关系数, N = 19
                          当 H0: Rho=0 时, Prob > |r|

                              Age          Height          Weight      ← 相关系数

               Age        1.00000         0.81143         0.74089
               年龄                        <.0001          0.0003      ← P值

               Height     0.81143         1.00000         0.87779
               身高（英寸） <.0001                           <.0001

               Weight     0.74089         0.87779         1.00000
               体重（磅）   0.0003          <.0001
```

图 7-3-1　基于 CORR 过程的相关分析结果

输出结果如图 7-3-2 所示。

```
                                CORR PROCEDURE
                          1 With 变量:    Weight
                          2      变量:    Height    Age

                                  简单统计量

变量           N         均值        标准差          总和        最小值         最大值     标签

Weight        19    100.02632     22.77393          1901     50.50000     150.00000     体重（磅）
Height        19     62.33684      5.12708          1184     51.30000      72.00000     身高（英寸）
Age           19     13.31579      1.49267     253.00000     11.00000      16.00000     年龄

                           Pearson 相关系数, N = 19
                          当 H0: Rho=0 时, Prob > |r|

                                      Height            Age

                      Weight         0.87779        0.74089
                      体重（磅）       <.0001         0.0003
```

图 7-3-2　基于 CORR 过程的相关分析结果

从图 7-3-2 可以看出，Weight 与 Height 的相关系数为 0.87779，Weight 与 Age 的相关系数为 0.74089，即存在正相关。

7.3.2 回归分析

回归分析是对具有相关关系的多个变量之间的数量变化进行数量测定，配合一定的数学方程(模型)，以便由自变量的数值对因变量的可能值进行估计或预测的一种统计方法。

回归分析中，根据自变量的个数，可以分为一元回归分析和多元回归分析。当研究的因果关系只涉及因变量和一个自变量时，叫做一元回归分析；当研究的因果关系涉及因变量和两个或两个以上自变量时，叫做多元回归分析。此外，回归分析中，又依据描述自变量与因变量之间因果关系的函数表达式，分为线性回归分析和非线性回归分析。通常线性回归分析法是最基本的分析方法，有些非线性回归问题可以借助数学手段化为线性回归问题处理，此处只讲解线性回归分析。

1. 建立一元线性回归模型

【例 7.3.2】以 SAS 系统中自带数据集 SASHELP.class 为例，以 Age 为自变量、Height 为因变量建立一元线性回归模型，具体程序如下：

```
proc reg data=SASHELP.class;
model Height=Age/clb cli clm r;              /*定义回归模型*/
plot Age*Height;                             /*绘制模型散点图*/
run;
```

执行上述程序，生成的结果主要包括：模型的拟合、观测的预测和图形三个部分，分别如图 7-3-3 结果窗口中的 Fit、Observation-wise Statistics 和 Plots 所示。

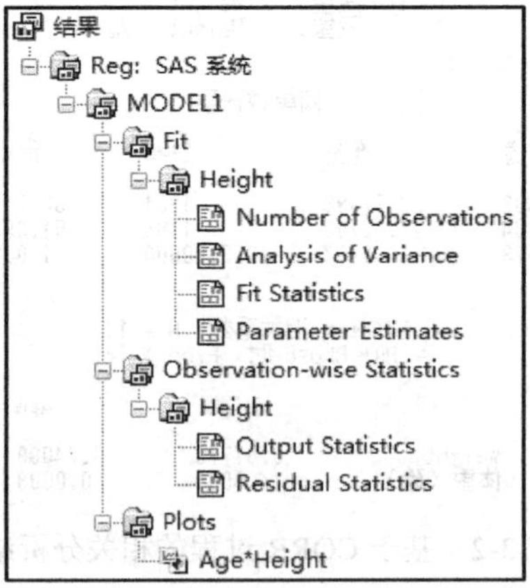

图 7-3-3 REG 过程的结果目录树

Fit 文件夹下包括四张表，如图 7-3-4 所示，从图中可知，回归模型使用的观测数为 19，F 统计量为 32.77，概率 P 值<0.0001，即回归模型是显著的。该模型的均方根

误差 Root MSE 为 3.08336，模型的决定系数 R^2 为 0.6584，修正的决定系数为 0.6383，因变量的均值为 62.33684。本例中回归模型可以表达为：Y=2.79Age+25.22。

The REG Procedure
Model: MODEL1
Dependent Variable: Height 身高（英寸）

Number of Observations Read	19
Number of Observations Used	19

Analysis of Variance

Source	DF	Sum of Squares	Mean Square	F Value	Pr > F
Model	1	311.54348	311.54348	32.77	<.0001
Error	17	161.62073	9.50710		
Corrected Total	18	473.16421			

Root MSE	3.08336	R-Square	0.6584
Dependent Mean	62.33684	Adj R-Sq	0.6383
Coeff Var	4.94629		

Parameter Estimates

Variable	Label	DF	Parameter Estimate	Standard Error	t Value	Pr > |t|
Intercept	Intercept	1	25.22388	6.52169	3.87	0.0012
Age	年龄	1	2.78714	0.48688	5.72	<.0001

图 7-3-4 REG 过程的 Fit 结果表

Observation-wise Statistics 文件夹下包括两张表，如图 7-3-5 和 7-3-6 所示。图 7-3-5 为观测模型的计算结果表，该表从左到右分别为观测序号、因变量观测值、模型预测值、标准误、预测均值的置信区间、预测值的置信区间、残差、残差的标准误、Student 残差。图 7-3-6 给出了模型各观测残差的分析结果。

The REG Procedure
Model: MODEL1
Dependent Variable: Height 身高（英寸）

Output Statistics

Obs	Dependent Variable	Predicted Value	Std Error Mean Predict	95% CL Mean		95% CL Predict		Residual	Std Error Residual	Student Residual	-2-1 0 1 2
1	69.0000	64.2438	0.7819	62.5942	65.8935	57.5326	70.9551	4.7562	2.983	1.595	|***
2	56.5000	61.4567	0.7239	59.9294	62.9840	54.7745	68.1389	-4.9567	2.997	-1.654	***|
3	65.3000	61.4567	0.7239	59.9294	62.9840	54.7745	68.1389	3.8433	2.997	1.282	|**
4	62.8000	64.2438	0.7819	62.5942	65.8935	57.5326	70.9551	-1.4438	2.983	-0.484	|
5	63.5000	64.2438	0.7819	62.5942	65.8935	57.5326	70.9551	-0.7438	2.983	-0.249	|
6	57.3000	58.6696	0.9544	56.6560	60.6831	51.8598	65.4794	-1.3696	2.932	-0.467	|
7	59.8000	58.6696	0.9544	56.6560	60.6831	51.8598	65.4794	1.1304	2.932	0.386	|
8	62.5000	67.0310	1.0830	64.7461	69.3158	60.1361	73.9259	-4.5310	2.887	-1.569	***|
9	62.5000	61.4567	0.7239	59.9294	62.9840	54.7745	68.1389	1.0433	2.997	0.348	|
10	59.0000	58.6696	0.9544	56.6560	60.6831	51.8598	65.4794	0.3304	2.932	0.113	|
11	51.3000	55.8824	1.3310	53.0742	58.6907	48.7968	62.9680	-4.5824	2.781	-1.648	***|
12	64.3000	64.2438	0.7819	62.5942	65.8935	57.5326	70.9551	0.0562	2.983	0.0188	|
13	56.3000	58.6696	0.9544	56.6560	60.6831	51.8598	65.4794	-2.3696	2.932	-0.808	*|
14	66.5000	67.0310	1.0830	64.7461	69.3158	60.1361	73.9259	-0.5310	2.887	-0.184	|
15	72.0000	69.8181	1.4860	66.6828	72.9534	62.5967	77.0396	2.1819	2.702	0.808	|*
16	64.8000	58.6696	0.9544	56.6560	60.6831	51.8598	65.4794	6.1304	2.932	2.091	|****
17	67.0000	67.0310	1.0830	64.7461	69.3158	60.1361	73.9259	-0.0310	2.887	-0.0107	|
18	57.5000	55.8824	1.3310	53.0742	58.6907	48.7968	62.9680	1.6176	2.781	0.582	|*
19	66.5000	67.0310	1.0830	64.7461	69.3158	60.1361	73.9259	-0.5310	2.887	-0.184	|

Output Statistics

图 7-3-5 REG 过程的 Observation-wise Statistics 结果表

```
                Output Statistics

                      Cook's
                Obs      D

                  1  0.087
                  2  0.080
                  3  0.048
                  4  0.008
                  5  0.002
                  6  0.012
                  7  0.008
                  8  0.173
                  9  0.004
                 10  0.001
                 11  0.311
                 12  0.000
                 13  0.035
                 14  0.002
                 15  0.099
                 16  0.232
                 17  0.000
                 18  0.039
                 19  0.002


Sum of Residuals                         0
Sum of Squared Residuals         161.62073
Predicted Residual SS (PRESS)    202.16003
```

图 7-3-6　REG 过程的 Observation-wise Statistics 结果表

Plots 文件夹下为绘制的模型散点图，如图 7-3-7 所示。从散点图中可以看出模型的大致趋势，同时散点图的右侧也会给出模型统计量的基本信息。

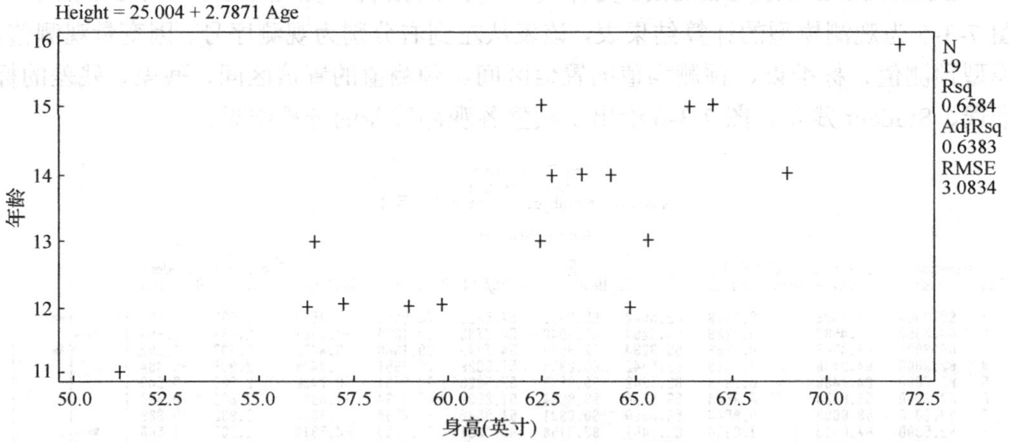

图 7-3-7　REG 过程的模型散点图

2．建立多元线性回归模型

【例 7.3.3】 以 SAS 系统中自带数据集 SASHELP.class 为例，以 Age 和 Height 为自变量、Weight 为因变量建立多元线性回归模型，具体程序如下：

```
    proc reg data=SASHELP.class;
```

```
model Weight=Age Height;
run;
```

执行上述程序，生成如图 7-3-8 所示的结果。其中分析的变量数为 19，方差的 F 检验值为 38.52，概率 $P<0.0001$，说明模型达到显著水平。模型的决定系数 R^2 为 0.828，说明多元回归拟合的模型较好。此例中所建立的多元回归表达式为：$Y=32.19+1.23Age+0.14Weight$。

```
                        The REG Procedure
                          Model: MODEL1
                   Dependent Variable: Height

             Number of Observations Read          19
             Number of Observations Used          19


                      Analysis of Variance

                                 Sum of          Mean
Source                 DF       Squares        Square    F Value    Pr > F

Model                   2     391.79824     195.89912      38.52    <.0001
Error                  16      81.36597       5.08537
Corrected Total        18     473.16421

          Root MSE              2.25508    R-Square     0.8280
          Dependent Mean       62.33684    Adj R-Sq     0.8065
          Coeff Var             3.61757


                      Parameter Estimates

                       Parameter       Standard
     Variable    DF     Estimate          Error    t Value    Pr > |t|

     Intercept    1     32.19431        5.08227       6.33      <.0001
     Age          1      1.22667        0.53019       2.31      0.0343
     Weight       1      0.13805        0.03475       3.97      0.0011
```

图 7-3-8　基于 REG 过程的多元线性回归结果

7.4　本 讲 小 结

本讲主要介绍了 SAS 系统中如何实现列联分析、方差分析、相关与回归分析。其中列联分析主要用于分析离散型数据的基本特征，在 SAS 系统中可通过 FREQ 过程实现，本讲只介绍关联性检验的编程方法；方差分析可以研究一个或多个因素对实验过程中某项指标的影响因素，并比较因素的各水平之间是否具有显著性差异，在 SAS 系统中可通过 ANOVA 和 GLM 过程实现；相关分析是初步探明两个变量的有效措施，在 SAS 系统中可通过 CORR 过程实现；一元线性回归是最简单可靠的定量模型，多元线性回归可以研究多个自变量与因变量的线性关系，在 SAS 系统中可通过 REG 过程实现。

第 8 讲　SAS/ASSIST

与前面几讲所讲的程序操作不同，SAS 系统还为用户提供了易学易用的 ASSIST 菜单模块。这样既可以免去用户学习 SAS 语言的负担，又可以同时生成 SAS 程序，供用户参考，提高 SAS 应用能力。本讲对 ASSIST 菜单模块的界面进行了简单介绍，并介绍了怎样利用 ASSIST 菜单模块实现假设检验和多变量关系分析。本讲的重点和难点均在于如何利用 ASSIST 菜单模块进行假设检验和多变量关系分析等。

8.1　ASSIST 界面简介

为了便于用户更快速地学习 SAS 软件。SAS 9.2 中还提供了 ASSIST 菜单模块，在该窗口中通过图形界面操作可以快速实现常用的统计分析功能，在完成统计分析的同时，日志窗口同时显示所执行操作的代码，对于初学 SAS 的用户来说，这些代码对学习和使用 SAS 程序有很大的帮助，是 SAS 软件的一大特点。

8.1.1　ASSIST 模块的启动

在命令行中输入 ASSIST 命令或单击菜单“解决方案”→“ASSIST”，会弹出如图 8-1-1 所示的 SAS/ASSIST 的 Start 窗口。

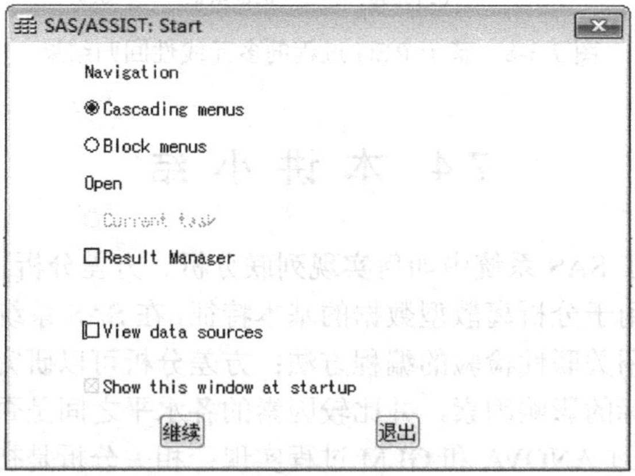

图 8-1-1　SAS/ ASSIST START 窗口

用户可以做如下选择：

(1)选择“Cascading menus”为新的 SAS/ASSIST 工作模式，系统会启动如

图 8-1-2 所示的 ASSIST 界面。选择“Block menus”为 SAS/ASSIST6 版的菜单工作模式，如图 8-1-3 所示。

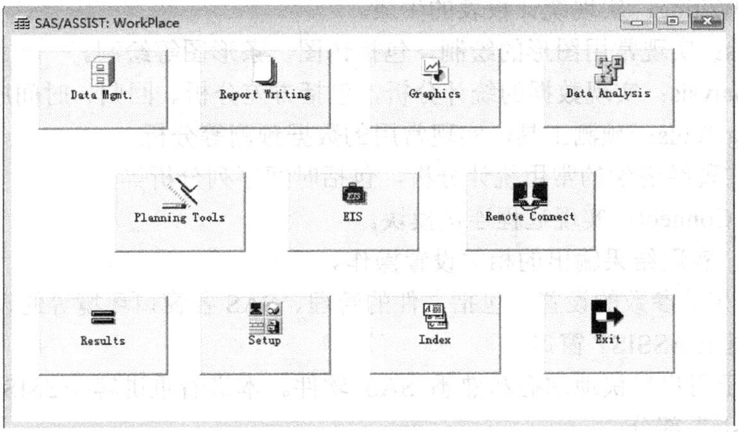

图 8-1-2　ASSIST 界面

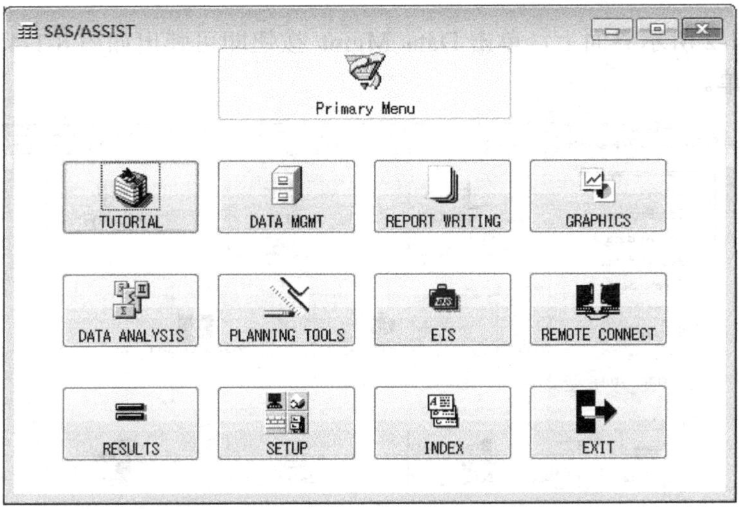

图 8-1-3　ASSIST6 主界面

(2) 将“Show this Window at Startup”复选框中的“×”去掉，下次运行 SAS/ASSIST 时该主菜单窗口就不再显示。

(3) 若确定了工作模式，选择“current task”可以直接执行用户上次用 SAS/ASSIST 执行过的任务；选择“Result Manager”到“Result Manager”窗口调出已保存的执行过的任务；如果选择“View data sources”，系统将弹出“SAS/ASSIST：data source”对话框。

在 ASSIST 窗口中包含了 11 个图形化的按钮，它们分别用于实现相应的统计分析。

Data Mgmt：实现数据库模块的常用操作，包括数据的查询、连接等操作。

Report Writing：实现统计报表的生成。

Graphics：实现常用图形的绘制，包括饼图、条形图等绘制。

Data Analysis：实现数据的统计分析，包括方差分析、回归、时间序列分析等。

Planning Tools：预测工具，实现常用的数据预测等分析。

ETS：实现经济学的常用统计分析，包括时间序列分析等。

Remote Connect：实现远程连接模块。

Results：实现结果输出的相关设置操作。

Setup：相关参数的设置，包括文件的管理、SAS 各窗口环境等的设置。

Exit：退出 ASSIST 窗口。

为了便于用户尽快地掌握和熟悉 SAS 软件。本讲着重讲解 ASSIST 模块中的“Data Analysis”部分。

8.1.2 ASSIST 模块的菜单

在图 8-1-2 所示界面上，单击 Data Mgmt 按钮即可弹出如图 8-1-4 所示的“数据管理”菜单。

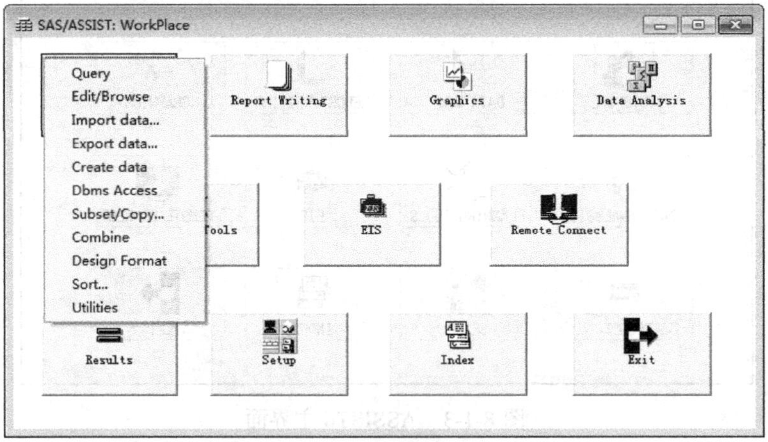

图 8-1-4 “数据管理”菜单

Query：提供一个交互式的 SQL(即结构查询语言)查询工具和英语查询工具。

Edit/Browse：调用 SAS/FSP 模块中的 FSEDIT 过程或 FSBROWSE 过程对已存在的 SAS 数据集进行浏览或编辑。

Import data：实现外部数据文件和其他格式的数据文件向 SAS 数据集的转换。

Export data：实现 SAS 数据集向某些格式的外部数据文件的转换。

Create data：创建、浏览和编辑 SAS 数据集。

Dbms Access：进入 ACCESS 窗口，此窗口可用来管理 SAS 数据库。用户可通过此窗口对 SAS 数据库中的成员进行删除、更名和列表。

Subset/Copy：由原来的 SAS 数据集产生子数据集或复制原来的数据集。

Combine：对两个数据集按横向或纵向等方式进行合并。

Design Format：对已存在的 SAS 数据集中的变量规定输出或输入格式。

Sort：指定数据集中某些变量的排列顺序，对数据集中的观测进行排序。

Utilities：查看数据集的内容(即变量的描述信息)、创建输入和输出格式或实施数据集的各种转换。

在图 8-1-2 所示界面上，单击“Graphics”按钮即可弹出如图 8-1-5 所示的“绘图”菜单。

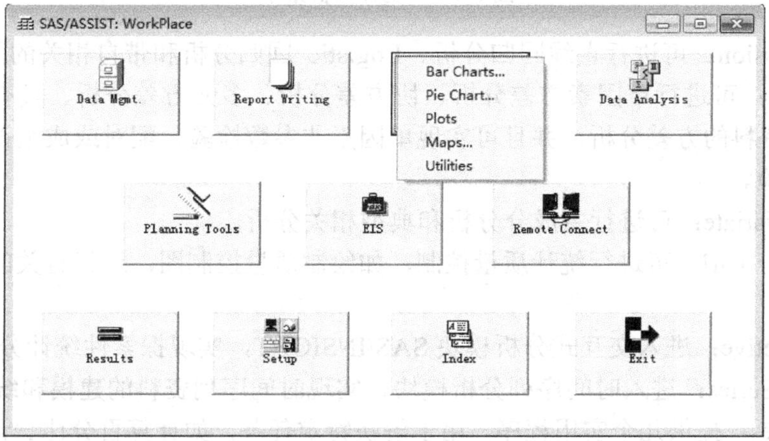

图 8-1-5　“绘图”菜单

图 8-1-5 中各菜单选项的基本功能如下：

Bar Charts：绘制条形图。

Pie Chart：绘制饼图。

Maps：绘制统计地图。

Utilities：提供几个实用程序，用于解决特定任务，如：创建 SAS 数据集，用于绘图等。

在图 8-1-2 所示界面上，单击“Data Analysis”按钮即可弹出如图 8-1-6 所示的“统计分析”菜单。

图 8-1-6 中各菜单选项的基本功能如下：

Elementary：可进行单变量统计分析、直线相关分析、总体均数的置信区间估计和频数资料的统计分析等。

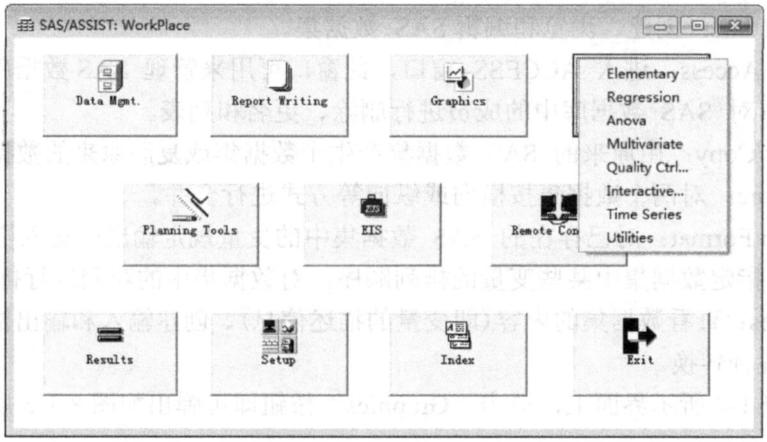

图 8-1-6 统计分析菜单

Regression：可进行直线回归分析、Logistic 回归分析和带自相关的回归分析。

Anova：可进行单因素方差分析、协方差分析、多元方差分析、具有重复测量设计定量资料的方差分析，并且可实现单因素非参数检验、配对或成组设计定量资料的 T 检验。

Multivariate：可进行主成分分析和典型相关分析。

Quality Ctrl：可进行统计质量控制，如绘制质量控制图，进行有关的计算和检验等。

Interactive：进入交互式分析模块 SAS/INSIGHT，实现探索性统计分析。

Time Series：进入时间序列分析模块，实现时间序列资料的建模和统计分析。

Utilities：提供几个实用程序，用于解决特定任务，如计算百分比、计算秩、对变量实施标准化、转换时间序列资料的频数和创建时间序列数据集等。

在图 8-1-2 所示界面上，单击“Results”按钮，即可弹出图 8-1-7 所示的“结果管理”菜单。

图 8-1-7 中各菜单选项的基本功能如下：

Result Manager：选中后，将打开结果管理器。结果管理器中将显示在使用 SAS/ASSIST 模块中曾经存储过的有关文件(包括 SAS 源程序、SAS 输出结果、LOG 窗口中的内容、SAS 输出的图形和拟用批处理方式处理的 SAS 源程序或 SAS 代码)的全部记录。

Access saved programs：访问保存的程序文件。

Access saved output：访问保存的结果文件。

Access saved logs：访问保存的日志文件。

Access saved graphs：访问保存的图形文件。

Batch submit：成批文件提交执行。

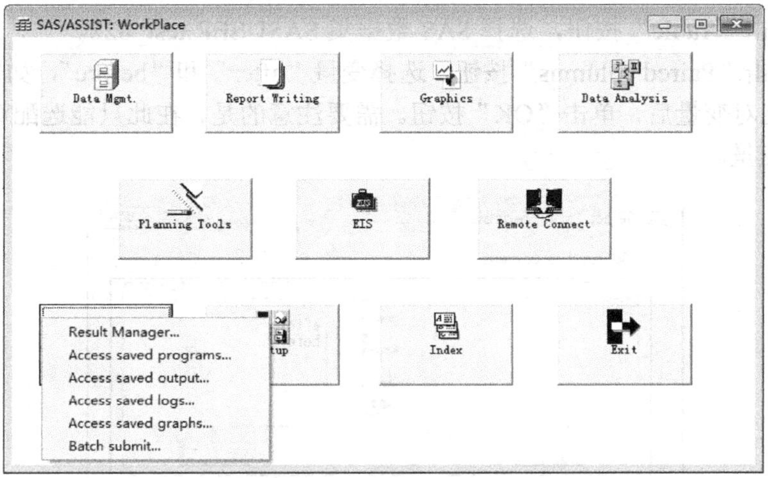

图 8-1-7 “结果管理”菜单

8.2 用 ASSIST 进行假设检验

在 SAS 系统中，参数的假设检验不仅可以通过编程法实现，还可以通过 ASSIST 菜单模块实现。下面通过具体实例说明如何利用 ASSIST 菜单模块进行假设检验。

8.2.1 配对样本 T 检验

配对样本 T 检验的基本概念详见 6.2.2，下面将通过例 8.2.1 演示如何利用 ASSIST 菜单模块进行配对样本 T 检验。

【例 8.2.1】 沿用例 6.2.2，试分析在 95%的置信度下采用了新的技术后产品的合格率是否有显著的提高。

操作步骤：

(1)在 SAS 主窗口中，单击“解决方案”→“ASSIST”进入 ASSIST 模块。

(2)选择 ASSIST 窗口“任务”→“数据分析”→“方差分析”→“T 检验”→“成对比较”。另一种操作方式为：在 ASSIST 的工作区，单击“Data Analysis”→“Anova”→“T-tests”→“Paired Comparisons”，进入如图 8-2-1 所示的“SAS/ASSIST: Paired Comparisons T-test”工作窗口。

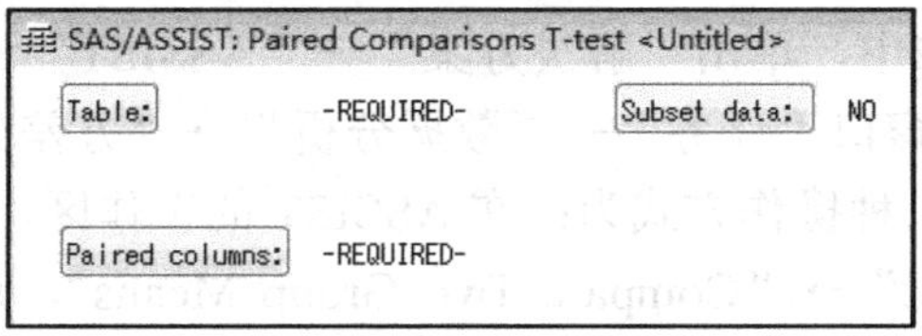

图 8-2-1 “Paired Comparisons T-test”窗口

(3) 单击“Table”按钮，选择 SAS 数据集 SASUSER.test_622。

(4) 单击“Paired columns”按钮，选择变量“after”和“before”，如图 8-2-2 所示。选择配对变量后，单击“OK”按钮。需要注意的是，在此只能选配对变量，不能选差值变量。

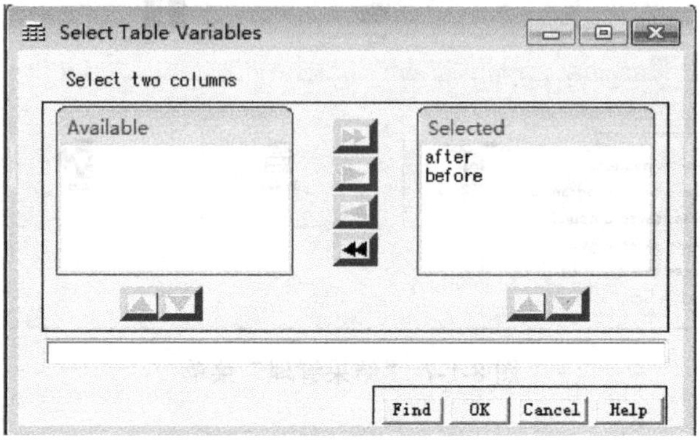

图 8-2-2　配对变量选择窗口

(5) 单击菜单“运行/提交”按钮命令可得到如图 8-2-3 所示的结果。此结果与第六讲中用编程方式所得到的结果相同，这里不再具体分析。

MEANS PROCEDURE

分析变量：diff

均值	标准误差	t 值	Pr > |t|
0.6500000	0.4495059	1.45	0.1821

图 8-2-3　ASSIST 模块单样本 T 检验结果

8.2.2　独立样本的 T 检验

独立样本的 T 检验的基本概念详见 6.2.3，下面将通过例 8.2.2 演示如何利用 ASSIST 菜单模块进行独立样本的 T 检验。

【例 8.2.2】 沿用例 6.2.3，试分析在 85%的置信度下甲、乙两车间工人的工作效率是否有显著差异。

操作步骤：

(1) 在 SAS 主窗口中，单击“解决方案”→“ASSIST”进入 ASSIST 模块。

(2) 选择 ASSIST 窗口“任务”→“数据分析”→“方差分析”→“T 检验”→“比较两组均值”。另一种操作方式为：在 ASSIST 的工作区，单击“Data Analysis”→“Anova”→“T-test”→“Compare Two Group Means”，进入如图 8-2-4 所示的“SAS/ASSIST：Group Means T test”工作窗口。

(3) 单击“Table”按钮，选择 SAS 数据集 test_623。

(4) 单击“Dependent”按钮，选择变量“b”，单击“Classification”按钮，选择分组变量“a”，单击“运行”菜单的“提交”按钮，得到结果如图 8-2-5 所示。

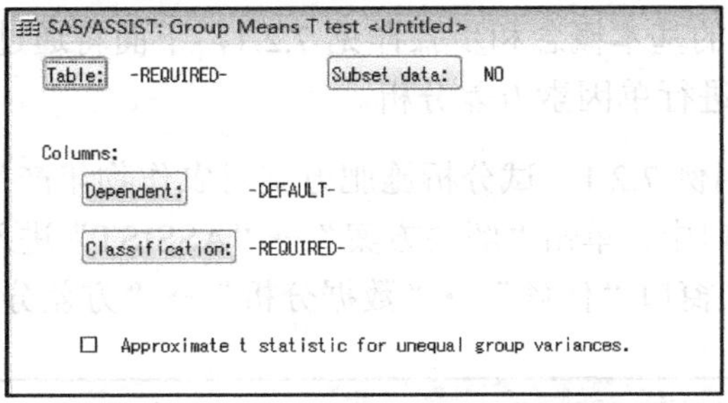

图 8-2-4　“Groups Means T-test”窗口

The TTEST Procedure

Variable: b

a	N	Mean	Std Dev	Std Err	Minimum	Maximum
1	10	30.6600	1.3277	0.4198	28.9000	33.3000
2	10	30.8400	1.4600	0.4617	28.7000	33.2000
Diff (1-2)		-0.1800	1.3954	0.6240		

a	Method	Mean	95% CL Mean		Std Dev	95% CL Std Dev	
1		30.6600	29.7103	31.6097	1.3277	0.9132	2.4238
2		30.8400	29.7956	31.8844	1.4600	1.0042	2.6654
Diff (1-2)	Pooled	-0.1800	-1.4911	1.1311	1.3954	1.0544	2.0635
Diff (1-2)	Satterthwaite	-0.1800	-1.4919	1.1319			

Method	Variances	DF	t Value	Pr > |t|
Pooled	Equal	18	-0.29	0.7763
Satterthwaite	Unequal	17.84	-0.29	0.7763

Equality of Variances

Method	Num DF	Den DF	F Value	Pr > F
Folded F	9	9	1.21	0.7817

图 8-2-5　ASSIST 模块独立样本 T 检验结果

在 ASSIST 中做独立样本的检验，系统会自动进行方差齐性检验，方差齐性检验及 T 检验的结果与第六讲例 6.2.4 使用编程的结果相同，这里不再分析。

8.3　用 ASSIST 进行多变量关系分析

SAS 系统中的 ASSIST 菜单模块不仅可以实现参数假设检验，同样可以实现多变量关系分析，如方差分析、回归分析等。下面通过实例演示如何利用 ASSIST 菜单模块进行多变量关系分析。

8.3.1 方差分析

1. 用 ASSIST 进行单因素方差分析

单因素方差分析的基本概念和步骤详见 7.2.1，下面将通过例 8.3.1 演示如何利用 ASSIST 菜单模块进行单因素方差分析。

【例 8.3.1】 沿用例 7.2.1，试分析施肥方案对农作物年产量是否有显著影响。

(1) 在 SAS 主窗口中，单击“解决方案”→“ASSIST”进入 ASSIST 运行环境。

(2) 选择 ASSIST 窗口“任务”→“数据分析”→“方差分析”，出现如图 8-3-1 所示的主界面。

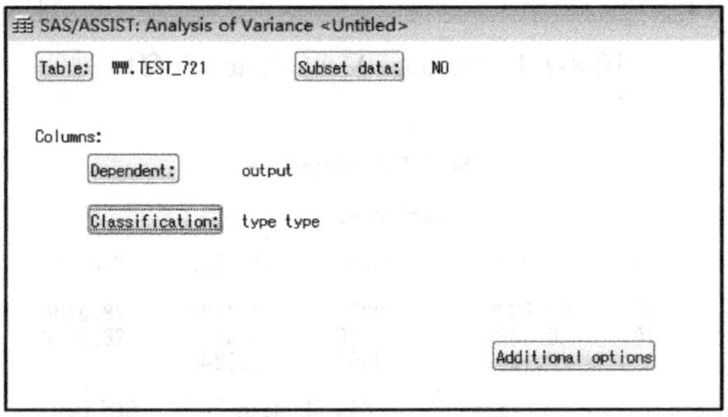

图 8-3-1 “Analysis of Variance”窗口

(3) 单击“Table”按钮，选择 SAS 数据集 TEST_721，单击“Dependent”选择变量“output”，单击“Classification”按钮，选择分组变量“type”。

(4) 设置完成后，单击工具栏中的提交按钮，部分结果如图 8-3-2 所示。对比第七讲中的例 7.2.1，发现结果与编程方法得到的结果相同，见例 7.2.1。

The GLM Procedure

Dependent Variable: output

Source	DF	Sum of Squares	Mean Square	F Value	Pr > F
Model	2	28254.77778	14127.38889	36.06	<.0001
Error	15	5877.00000	391.80000		
Corrected Total	17	34131.77778			

R-Square	Coeff Var	Root MSE	output Mean
0.827814	2.128635	19.79394	929.8889

Source	DF	Type I SS	Mean Square	F Value	Pr > F
type	2	28254.77778	14127.38889	36.06	<.0001

Source	DF	Type III SS	Mean Square	F Value	Pr > F
type	2	28254.77778	14127.38889	36.06	<.0001

图 8-3-2 单因素方差分析部分结果

2. 用 ASSIST 进行双因素方差分析

双因素方差分析的基本概念和步骤详见 7.2.2，下面将通过例 8.3.2 演示如何利用 ASSIST 菜单模块进行双因素方差分析。

【例 8.3.2】 沿用例 7.2.2 介绍的相互独立的双因素方差分析。

用 ASSIST 进行双因素方差分析与单因素方差分析十分相似，具体步骤如下：

(1) 进入 SAS/ASSIST 模块后，点击“Data Analysis”→“Anova”→“Analysis of Variance”。

(2) 单击“Table”按钮，选择 SAS 数据集 TEST_722，单击“Dependent”选择变量“X”，单击“Classification”按钮，选择分组变量“A”和“B”，如图 8-3-3 所示。

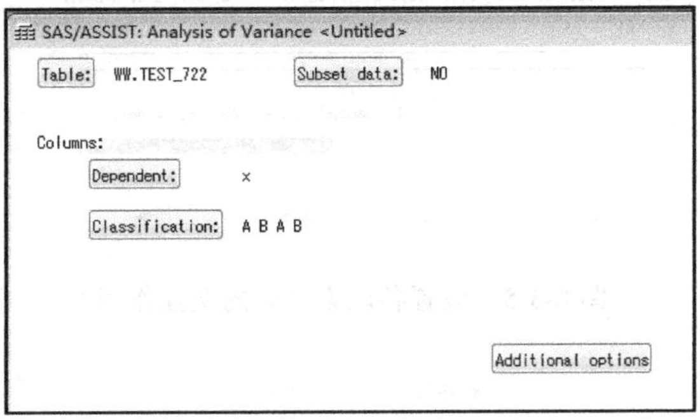

图 8-3-3 “Analysis of Variance”窗口

(3) 设置完成后，单击工具栏中的“提交”按钮。输出窗口显示如图 8-3-4 所示的结果。

The GLM Procedure

Dependent Variable: x

Source	DF	Sum of Squares	Mean Square	F Value	Pr > F
Model	5	21.92944444	4.38588889	36.59	<.0001
Error	30	3.59611111	0.11987037		
Corrected Total	35	25.52555556			

R-Square	Coeff Var	Root MSE	x Mean
0.859117	2.828876	0.346223	12.23889

Source	DF	Type I SS	Mean Square	F Value	Pr > F
A	3	18.04555556	6.01518519	50.18	<.0001
B	2	3.88388889	1.94194444	16.20	<.0001

Source	DF	Type III SS	Mean Square	F Value	Pr > F
A	3	18.04555556	6.01518519	50.18	<.0001
B	2	3.88388889	1.94194444	16.20	<.0001

图 8-3-4　双因素方差分析部分结果

从上述结果可以看出结论与例 7.2.2 用编程方法所得到的结果相同，在此不再分析。

若两因素之间存在交互作用，则单击图 8-3-3 中“Additional options”按钮，选择“Model effects”，在弹出的菜单中再选择“Interactions…”，出现如图 8-3-5 所示的对话框。单击按钮上方的“A”。再单击“*”，最后单击按钮上方的“B”，这时可在横线上看到“A*B”，单击“确定”按钮，则设置好 A 和 B 的交互关系。设置完成后，单击工具栏中的提交按钮，即可得到各因素存在交互作用的双因素方差分析结果。

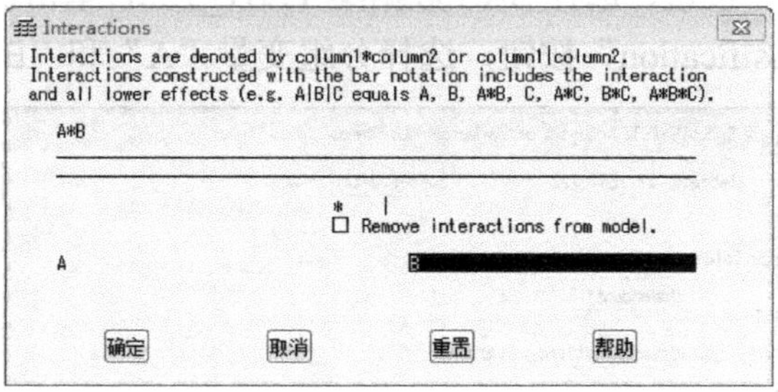

图 8-3-5　设置各因素之间的交互作用

8.3.2　相关分析

相关分析的基本概念详见 7.3.1，下面将通过例 8.3.3 演示如何利用 ASSIST 菜单模块进行相关分析。

【例 8.3.3】 沿用例 7.3.1，以 SAS 系统中自带数据集 SASHELP.class 为例，对变量 Age，Height，Weight 进行相关分析。

(1)在 SAS 主窗口中，单击“解决方案”→“ASSIST”进入 ASSIST 模块。

(2)选择 ASSIST 窗口“任务”→“数据分析”→“基础”→“相关”，打开如图 8-3-6 所示的“Correlation Coefficients”窗口。

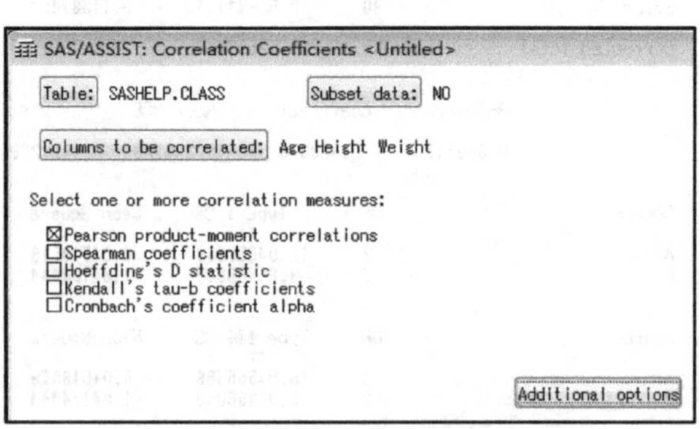

图 8-3-6 “Correlation Coefficients”窗口

(3) 单击“Table”按钮，选择 SAS 数据集 SASHELP.class，单击“OK”按钮，回到“Correlation Coefficients”窗口。

(4) 在“Correlation Coefficients”窗口中，单击“Columns to be correlated”按钮，弹出“Select Table Variables”对话框，确定要做相关分析的变量 Age、Height 和 Weight。单击“OK”按钮，回到“Correlation Coefficients”窗口。

(5) 在“Correlation Coefficients”窗口中，单击“Additional options”按钮，弹出“Additional Options”对话框，如图 8-3-7 所示。

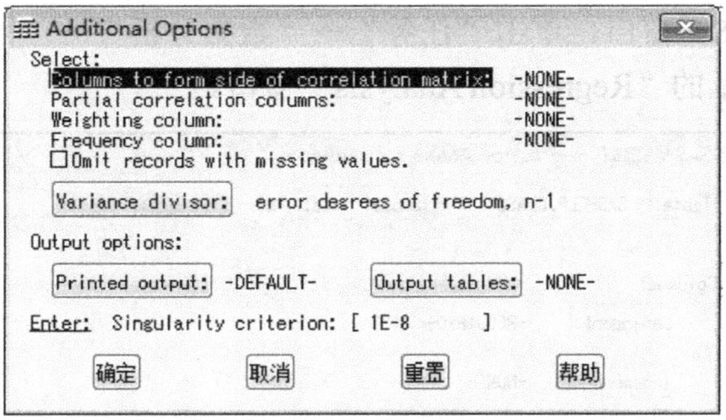

图 8-3-7 “Additional Options”对话框

(6) 单击“运行”菜单的“提交”命令，得到结果如图 8-3-8 所示。结果有两部分：第一部分是简单描述统计量；第二部分是各变量之间的相关系数。从图中可看出，Age 与 Height 的相关系数为 0.81，概率 P 值小于 0.05，说明两者有显著的相关性；同理，Weight 与 Height、Age 与 Weight 也有显著的相关性。

CORR PROCEDURE

3 变量: Age Height Weight

简单统计量

变量	N	均值	标准差	总和	最小值	最大值	标签
Age	19	13.31579	1.49267	253.00000	11.00000	16.00000	年龄
Height	19	62.33684	5.12708	1184	51.30000	72.00000	身高（英寸）
Weight	19	100.02632	22.77393	1901	50.50000	150.00000	体重（磅）

Pearson 相关系数, N = 19
当 H0: Rho=0 时, Prob > |r|

	Age	Height	Weight
Age 年龄	1.00000	0.81143 <.0001	0.74089 0.0003
Height 身高（英寸）	0.81143 <.0001	1.00000	0.87779 <.0001
Weight 体重（磅）	0.74089 0.0003	0.87779 <.0001	1.00000

图 8-3-8 相关分析的结果

8.3.3 回归分析

回归分析的基本原理和分类详见 7.3.2，下面将通过例 8.3.4 演示如何利用 ASSIST 菜单模块进行线性回归分析。

【例 8.3.4】 沿用例 7.3.2，以 SAS 系统中自带数据集 SASHELP.class 为例，以 Age 和 Weight 为自变量，Height 为因变量建立多元线性回归模型。

(1)在 SAS 主窗口中，单击“解决方案”→“ASSIST”进入 ASSIST 模块。

(2)选择 ASSIST 窗口，单击“任务”→“数据分析”→“回归”→“线性”，打开如图 8-3-9 所示的“Regression Analysis”窗口。

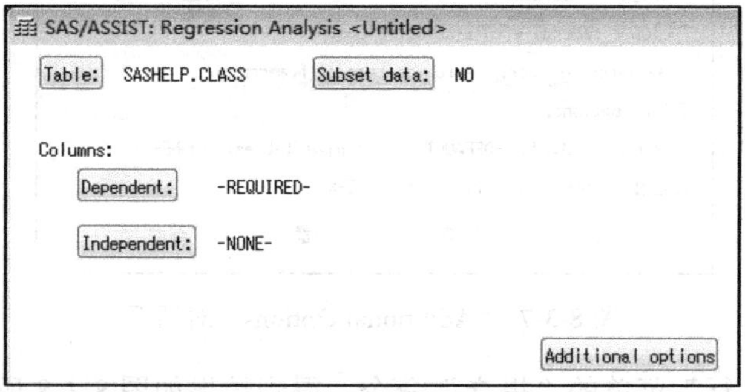

图 8-3-9 “Regression Analysis”窗口

(3)单击“Regression Analysis”窗口的“Table”按钮，选择数据集 SASHELP.CLASS。

(4)单击“Regression Analysis”窗口的“Dependent”按钮，进入“Select Table Variables”对话框，将变量“Height”选为回归方程的因变量。单击“Independent”按钮，将变量“Age”和“Weight”选为自变量。单击“OK”按钮返回“Regression Analysis”窗口。

(5)在“Correlation Coefficients”窗口中，单击“Additional Options”按钮，弹出“Additional Options”对话框，如图 8-3-10 所示。选择“Selection Method”，弹出图 8-3-11 所示的对话框，可以选择筛选自变量的方法。

图 8-3-10 “Additional Options”对话框

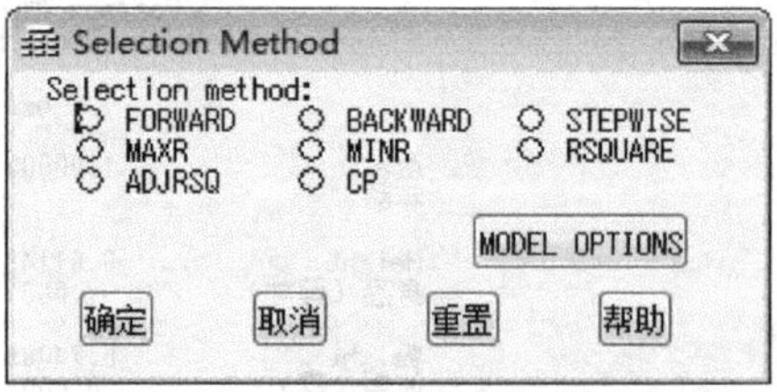

图 8-3-11 “Selection Method”对话框

(6) 单击“运行”菜单的“提交”命令，得到结果如图 8-3-12 所示，此结果与例 7.3.3 结果相同，此处不再进行分析。

Analysis of Variance

Source	DF	Sum of Squares	Mean Square	F Value	Pr > F
Model	2	391.79824	195.89912	38.52	<.0001
Error	16	81.36597	5.08537		
Corrected Total	18	473.16421			

Root MSE	2.25508	R-Square	0.8280
Dependent Mean	62.33684	Adj R-Sq	0.8065
Coeff Var	3.61757		

Parameter Estimates

Variable	Label	DF	Parameter Estimate	Standard Error	t Value	Pr > |t|
Intercept	Intercept	1	32.19431	5.08227	6.33	<.0001
Age	年龄	1	1.22667	0.53019	2.31	0.0343
Weight	体重（磅）	1	0.13805	0.03475	3.97	0.0011

图 8-3-12　多元回归分析结果

8.4 本 讲 小 结

本讲重点介绍了如何利用 ASSIST 模块进行假设检验、相关与回归分析。从 ASSIST 模块的主菜单和界面入手介绍了如何在此模块下进行实例操作，对于不熟悉 SAS 语言的用户，是一种较为简单的操作方法。

第 9 讲　SAS/ANALYST

本讲简要介绍 ANALYST 窗口的构成以及怎样利用 ANALYST 模块进行基本的统计分析。本讲的重点和难点为如何利用 ANALYST 模块进行假设检验、方差分析、列联分析和回归分析等。在完成统计分析的同时，图 9-1-1 所示的“NEW Project”的“Code”子目录(双击即可打开)和日志窗口显示所执行操作的代码。需要说明的是，该模块在 SAS 9.2 以后的版本中不再存在。

9.1　ANALYST 界面简介

9.1.1　ANALYST 窗口的启动

与启动 SAS 其他窗口的方法类似，ANALYST 窗口的启动方式也有两种，一是命令行方式：在主菜单的命令行窗口输入命令 ANALYST 即可；二是菜单方式：在英文系统中，单击主界面的菜单“Solution”→“Analysis”→“Analyst”；在中文系统中，单击“解决方案”→“分析”→“分析家”。

通过上述两种方法启动 ANALYST 模块，打开如图 9-1-1 所示的窗口。ANALYST 主窗口可以分为两部分，其中左半部分的树形目录区用于管理文件，可以看到新启动的 ANALYST 窗口中包含一个名为“NEW Project”的新项目，其下的文件夹中包含一个空的名为“Untitled”的数据集文件。窗口的右半部分可用于显示数据。

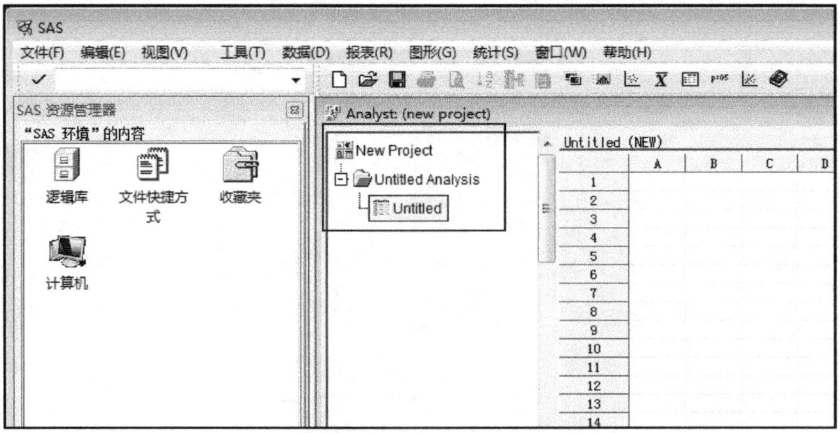

图 9-1-1　ANALYST 界面窗口

9.1.2　ANALYST 窗口的菜单

在 SAS 中随着打开的窗口不同，其界面上的主菜单也将依据各窗口的功能不同而发生动态变化。ANALYST 窗口下的主菜单包括“文件”、“编辑”、“视图”、“工具”、“数据”、“报表”、“图形”、“统计”、“窗口”和“帮助”菜单。

1．文件(File)菜单

主要实现对 SAS 数据文件的基本管理操作，包括常用的打开、保存、关闭等功能。

2．编辑(Edit)菜单

主要实现对 SAS 数据文件的常用编辑操作，如图 9-1-2 所示。

插入列(Insert Columns)：可以在指定的数据列前或数据最后插入一列数值型或字符型的数据列。

添加行(Add Rows)：可以在数据的最后加入一行数据。

模式(Mode)：打开数据集在 ANALYST 窗口中将存在两种模式——“编辑”和“浏览”，其中“编辑”模式可以对数据集内的数据进行编辑操作，而“浏览”模式只能浏览数据集中的数据。

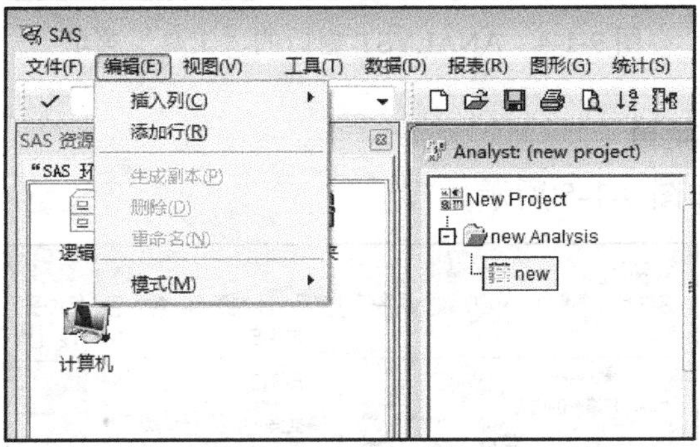

图 9-1-2　ANALYST 窗口的“编辑”菜单

3．视图(View)菜单

主要实现列数据的显示和表属性的设置操作，如图 9-1-3 所示。

列(Columns)：可以实现对指定列数据的移动、隐藏、固定等操作。

表属性(Table Attributes)：可用于查看数据表的基本信息。

4．工具(Tools)菜单

工具菜单展开如图 9-1-4 所示，包括标题的设置、样本数据的导入、查看器的设置、图形设置、新建逻辑库、定制工具栏、窗口选项的设置。

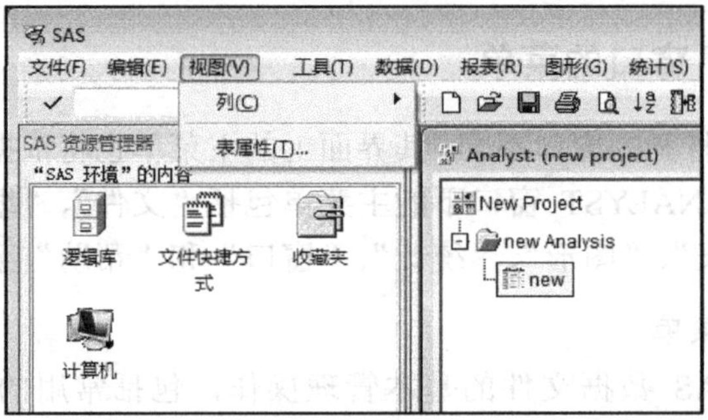

图 9-1-3　ANALYST 窗口的“视图”菜单

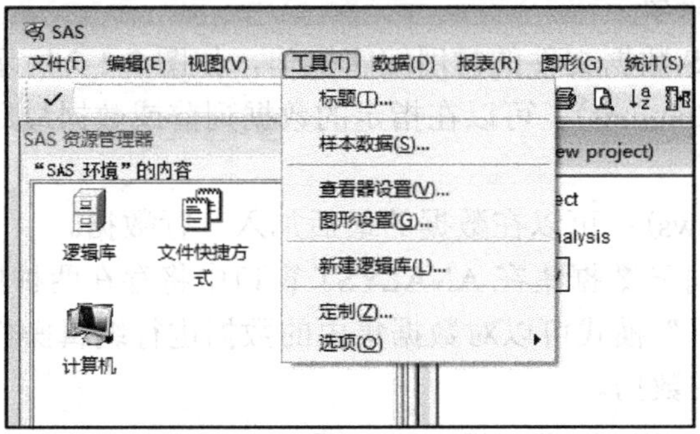

图 9-1-4　ANALYST 窗口的“工具”菜单

5．数据(Data)菜单

数据菜单展开如图 9-1-5 所示。

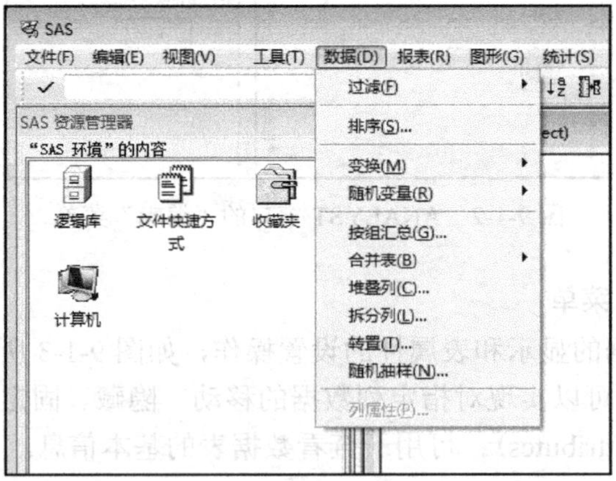

图 9-1-5　ANALYST 窗口的“数据”菜单

过滤(Filter)：实现数据的初步筛选。

排序(Sort)：可以对指定的一列或多列数据进行升序或降序的排序操作。

变换(Transform)：可以对数据进行变换，包括简单的计算、求秩、标准化。

随机变量(Random Variables)：生成符合一定分布的随机变量，包括常用的正态分布均匀、二项式分布等。

按组汇总(Summarize By Group)：实现数据的分类汇总。

合并表(Combine Tables)子菜单：按照列或者行连接数据。

拆分列(Split Columns)菜单项：对数据中的变量按列进行拆分。

转置(Transpose)菜单项：对数据进行转置。

随机抽样(Random Sample)菜单项：从原有的数据集中随机抽样构建新的数据集。

6．报表(Reports)菜单

主要实现统计分析报表的生成，如图 9-1-6 所示。

列出数据(List Data)：在结果窗口中打印出相关的数据。

表(Tables)：生成统计报表。

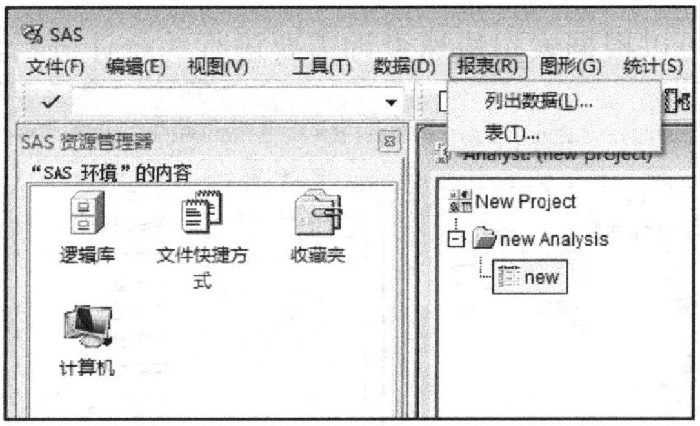

图 9-1-6　ANALYST 窗口的“报表”菜单

7．图形(Graphs)菜单

主要实现常用的图形绘制，包括条形图(水平/垂直)、饼图、直方图、盒形图、概率图、散点图(二维/三维)、等高线图和曲面图的绘制，如图 9-1-7 所示。

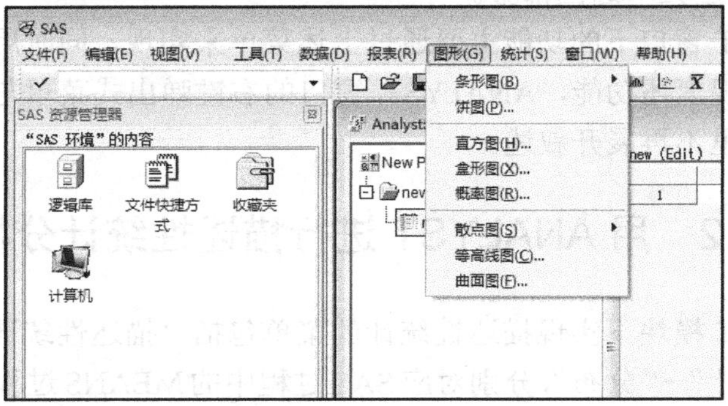

图 9-1-7　ANALYST 窗口的“图形”菜单

8. 统计(Statistics)菜单

实现常用的统计分析功能，如图 9-1-8 所示。

描述性统计(Descriptive)：可以做汇总统计量、相关分析、分布、频数统计等常规的描述性统计分析。

表分析(Table Analysis)：可以实现对属性数据的表分析。

假设检验(Hypothesis Tests)：可以实现单样本或多样本的假设检验，其中又可分为均值的 T 检验、均值的 z 检验、比例检验、方差检验。

方差分析(ANOVA)：可实现单因素、多因素、混合模型等的方差分析。

回归(Regression)：可以实现简单的回归、线性回归和 Logistic 回归。

多元分析(Multivariate)：可以实现的多元分析包括主成分和典型相关分析。

生存分析(Survival)：可以实现的生存分析包括生命表和生存分析。

样本大小(Sample Size)：可以实现参数检验和样本的置信区间估计等基本的统计分析。

索引(Index)：可以根据索引快速查询需要进行的统计分析。

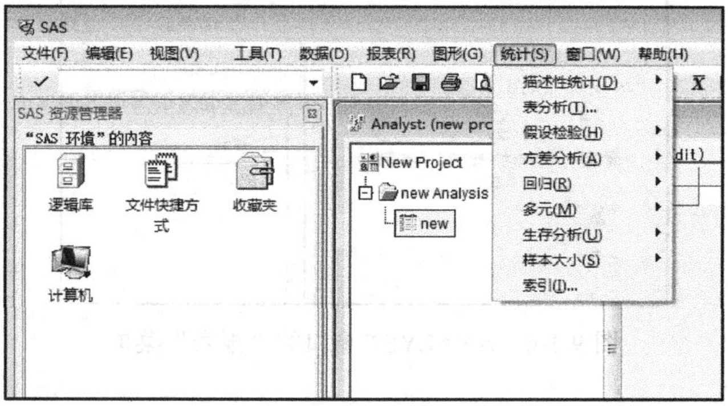

图 9-1-8　ANALYST 窗口的“统计”菜单

本书为了让用户更快地入门 SAS 软件。只简单介绍“描述性统计”、“假设检验”、“方差分析”和“回归”这四部分。

在 ANALYST 窗口下的功能主要通过上述菜单来实现，同时用户也可以通过右键弹出式菜单实现上述功能，ANALYST 窗口的右键弹出式菜单与其窗口下的主菜单基本相同，这里不再展开叙述。

9.2　用 ANALYST 进行描述性统计分析

在 ANALYST 模块下实现描述性统计的菜单包括“描述性统计”→“汇总统计量”和“描述性统计”→“分布”，分别对应 SAS 过程中的 MEANS 过程和 UNIVARIATE 过程。本节将介绍如何在 ANALYST 模块下进行描述性统计分析。

9.2.1　通过“汇总统计量”菜单进行描述性统计分析

描述性统计分析的基本概念及内容详见第 5 讲，下面将通过例 9.2.1 演示如何利用 ANALYST 模块下“汇总统计量”菜单进行描述性统计分析。

【例 9.2.1】 以 SAS 软件中自带的数据 class 为例介绍在 ANALYST 模块下，通过“汇总统计量”菜单实现按性别分组的描述性统计分析。

操作步骤：

(1) 启动 ANALYST 模块，打开数据集 SASHELP.class。

(2) 单击“统计”→“描述性统计”→“汇总统计量”菜单，打开如图 9-2-1 所示的“Summary Statistics” 对话框。首先选定分析变量“Age”→单击“Analysis”按钮，变量“Age”就会进入“Analysis”按钮下方的变量框中，同样地可将“Height”和“Weight”选入 Analysis 变量框中；同时将变量“Sex”选入 Class 按钮下方的变量框中，作为分组变量。

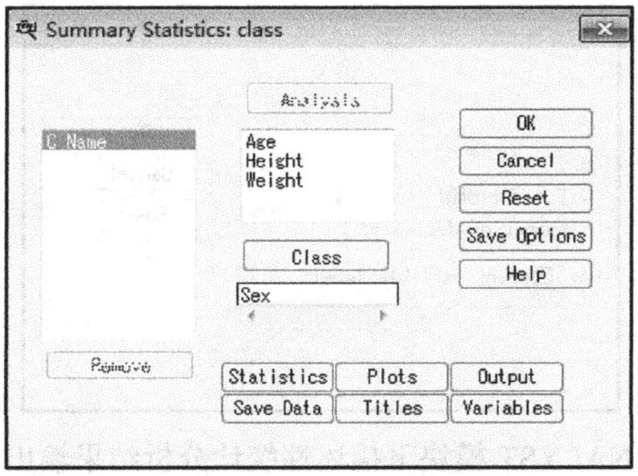

图 9-2-1　ANALYST 模块下“Summary Statistics”对话框

(3) 单击图 9-2-1 中的“Statistics”按钮，在弹出的对话框内设置需要计算的统计量，如图 9-2-2 所示。可以计算的统计参数包括均值、标准差、标准误、方差、最小值、最大值、极差等，用户只需要勾选需要计算的描述性统计量即可。单击“OK”按钮，返回“Summary Statistics”对话框。

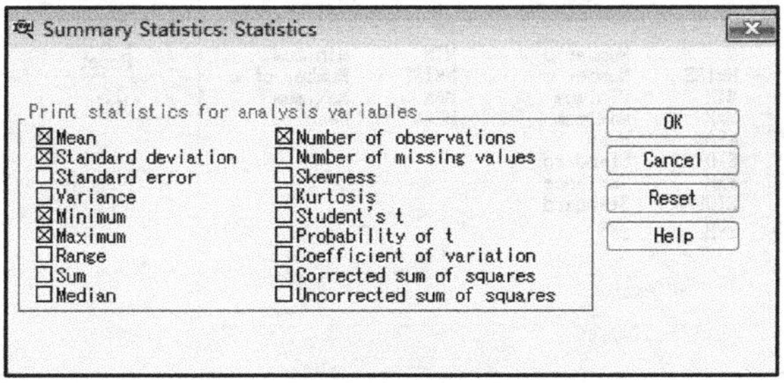

图 9-2-2　ANALYST 模块下描述性统计参数的设置

(4) 单击图 9-2-1 中的“Plots”按钮，绘制统计图，包括直方图和箱形图两种，如图 9-2-3 所示。

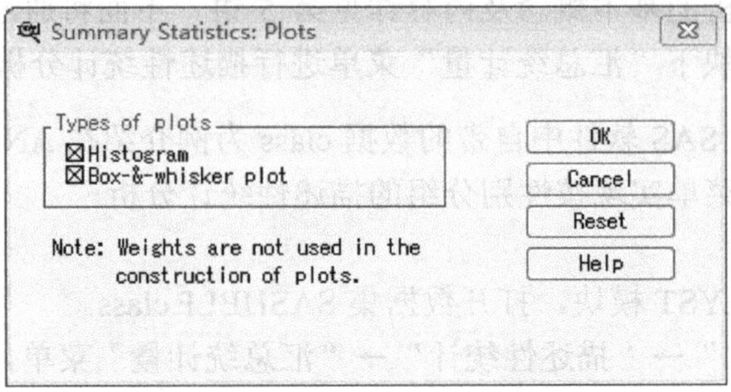

图 9-2-3　ANALYST 模块下统计图形的绘制

(5) 单击图 9-2-1 的“Output”按钮，对描述性统计分析结果输出格式进行设置。如图 9-2-4 所示，可以设置字符的宽度、小数点位数和是否输出变量标签。

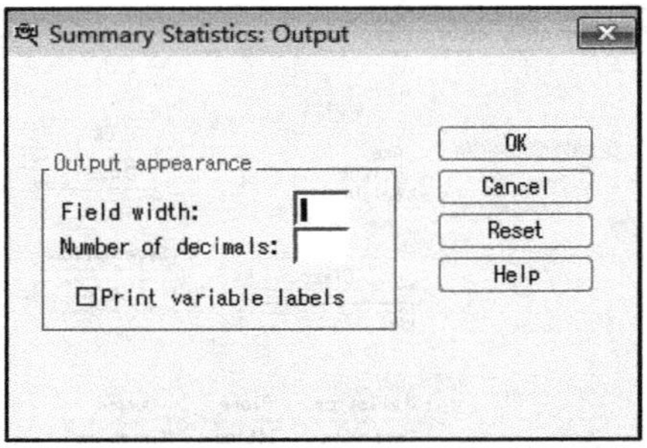

图 9-2-4　ANALYST 模块下描述性统计分析结果输出格式的设置

(6) 单击图 9-2-1 中的“Save Data”按钮，可选择要保存的描述性统计量。如图 9-2-5 所示，通过“Add”按钮，将需要输出的统计量添加到其下方的变量框中。

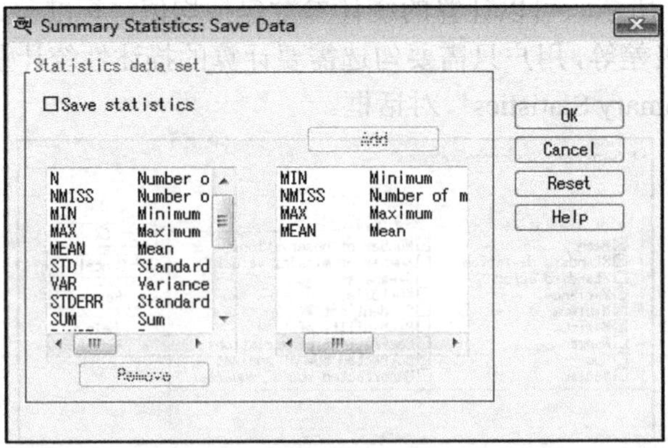

图 9-2-5　ANALYST 模块下描述性统计结果项的设置

(7) 单击图 9-2-1 中的“Titles”按钮，可以设置描述性统计分析的标题。如图 9-2-6 所示。本例中设置的标题为“学生基本情况分析”。

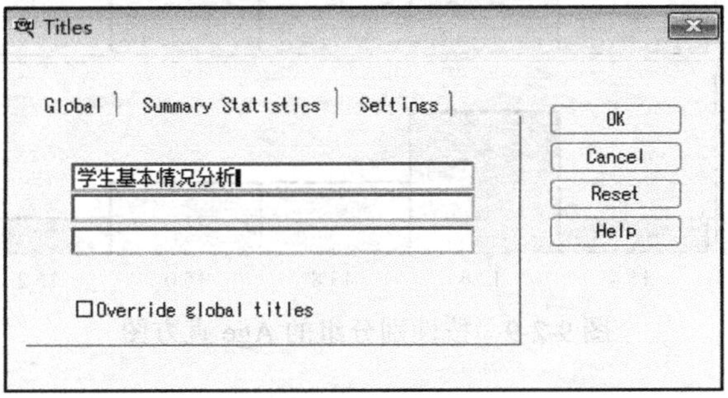

图 9-2-6　ANALYST 模块下描述性统计分析标题的设置

(8) 最后，单击“OK”按钮，输出如下结果。

学生基本情况分析

MEANS PROCEDURE

Sex	观测的个数	变量	均值	标准差	N	最小值	最大值
F	9	Age	13.2222222	1.3944334	9	11.0000000	15.0000000
		Height	60.5888889	5.0183275	9	51.3000000	66.5000000
		Weight	90.1111111	19.3839137	9	50.5000000	112.5000000
M	10	Age	13.4000000	1.6465452	10	11.0000000	16.0000000
		Height	63.9100000	4.9379370	10	57.3000000	72.0000000
		Weight	108.9500000	22.7271864	10	83.0000000	150.0000000

图 9-2-7　ANALYST 模块下描述性统计分析结果

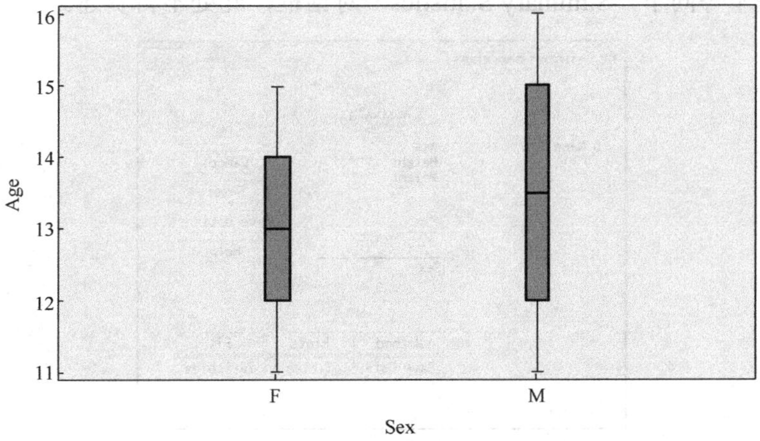

图 9-2-8　按性别分组的 Age 箱形图

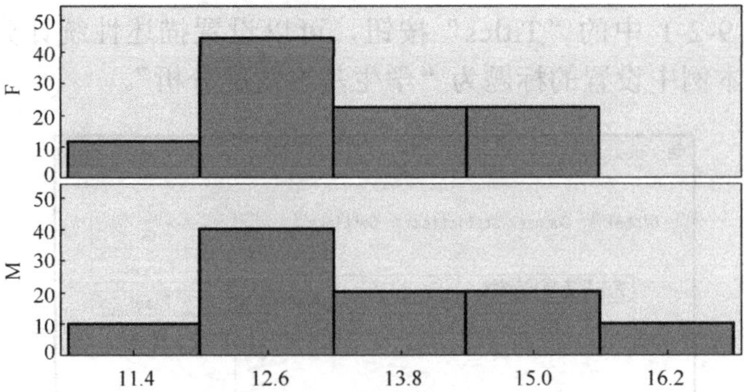

图 9-2-9　按性别分组的 Age 直方图

9.2.2　通过“分布”菜单进行描述性统计分析

在 ANALYST 模块下除了可以利用“汇总统计量”菜单实现描述性统计分析，还可利用“分布”菜单进行分析。下面将通过例 9.2.2 演示如何利用 “分布”菜单进行描述性统计分析。

【例 9.2.2】 以 SAS 软件中自带的数据 class 为例介绍在 ANALYST 模块下，通过“分布”菜单实现按性别分组的描述性统计分析。

操作步骤：

(1) 启动 ANALYST 模块，打开数据集 SASHELP.class。

(2) 单击“统计”→“描述性统计”→“分布”菜单，打开如图 9-2-10 所示的“Distributions”对话框。类似于“汇总统计量”菜单中的操作方式，选中需要分析的变量和分组变量。同时，“Distributions”对话框中的“Save Data”和“Titles”按钮的用法基本等同于“Summary Statistics”对话框，此处不再赘述。

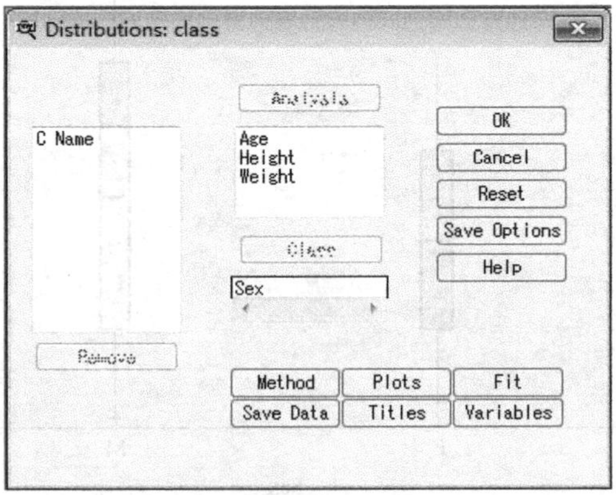

图 9-2-10　ANALYST 模块下“Distributions”对话框

(3) 单击“Method”按钮，设置描述性统计量方差的计算公式，如图 9-2-11 所示。主要设置方差计算时除数的不同，包括自由度(Degrees of freedom)、观测数(Number of observations)。

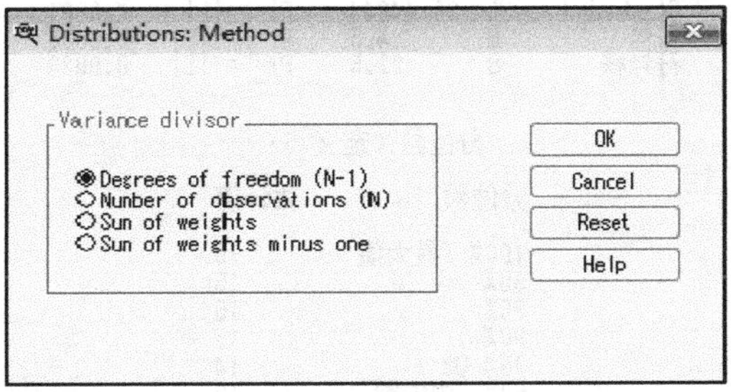

图 9-2-11　ANALYST 模块下描述性统计方法的设置

(4) 单击图 9-2-10 中的“Plots”按钮，可绘制箱形图(Box-&-whisker plot)、直方图(Histogram)、概率图(Probability plot)和 Q-Q 图(Quantile-quantile plot)，如图 9-2-12 所示。

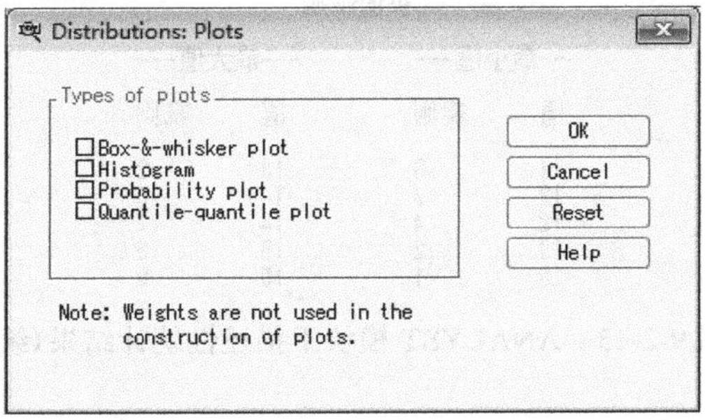

图 9-2-12　ANALYST 模块下描述性统计图形的绘制

(5) 最后，单击“OK”按钮，输出描述性统计分析的结果。按照性别分组，分别对组内的数据进行描述性统计分析，包括男生和女生各变量的矩统计、基本统计测度、位置检验、分位数等结果，如图 9-2-13 所示为其中女生年龄的描述性统计结果。

UNIVARIATE PROCEDURE
变量:　Age
Sex = F

矩

N	9	权重总和	9
均值	13.2222222	观测总和	119
标准差	1.39443338	方差	1.94444444
偏度	-0.1463545	峰度	-1.0600583
未校平方和	1589	校正平方和	15.5555556
变异系数	10.5461348	标准误差均值	0.46481113

基本统计测度

位置		变异性	
均值	13.22222	标准差	1.39443
中位数	13.00000	方差	1.94444
众数	12.00000	极差	4.00000
		四分位极差	2.00000

注意：显示的众数是 4 个众数中最小的众数，其计数为 2。

图 9-2-13　ANALYST 模块下描述性统计结果

```
                 位置检验: Mu0=0

检验            --统计量---      -------P 值-------

Student t      t  28.44644      Pr > |t|     <.0001
符号            M       4.5      Pr >= |M|    0.0039
符号秩          S      22.5      Pr >= |S|    0.0039


                分位数(定义 5)

              分位数            估计值

              100%  最大值          15
              99%                   15
              95%                   15
              90%                   15
              75% Q3                14
              50%  中位数           13
              25% Q1                12
              10%                   11
              5%                    11
              1%                    11
              0%   最小值           11

                 极值观测

         ---最小值---         ---最大值---

          值       观测        值       观测

          11          6        13          2
          12          8        14          3
          12          4        14          7
          13          2        15          5
          13          1        15          9
```

图 9-2-13　ANALYST 模块下描述性统计结果(续)

9.3　用 ANALYST 进行假设检验

在 ANALYST 模块下同样可以实现参数假设检验。本节将通过实例演示如何通过 ANALYST 模块实现单个样本 T 检验、配对样本 T 检验和独立样本的 T 检验。

9.3.1　单样本 T 检验

单样本 T 检验的基本概念详见 6.2.1，下面将通过例 9.3.1 演示如何利用 ANALYST 菜单模块进行单样本 T 检验。

【例 9.3.1】 沿用例 6.2.1，试分析该商店在 2 月开展的促销活动是否有效。

操作步骤：

(1) 启动 ANALYST 模块，打开数据集 SASUSER.test_622。

(2) 单击“统计”→“假设检验”→“均值的单样本 T 检验”，在弹出的“One-Sample-t-test for a Mean”对话框中将变量“sales”选入“Variable”按钮下方的变量框中，在“Null”后输入原假设，Mean 值为 56，在“Alternate”选择“Mean>56”，如图 9-3-1 所示。单击“OK”按钮，输出假设检验的结果如图 9-3-2 所示：概率 *P*

值小于显著性水平 0.01，说明样本的均值大于 56，即促销活动有效提高了商品的当月销售量。

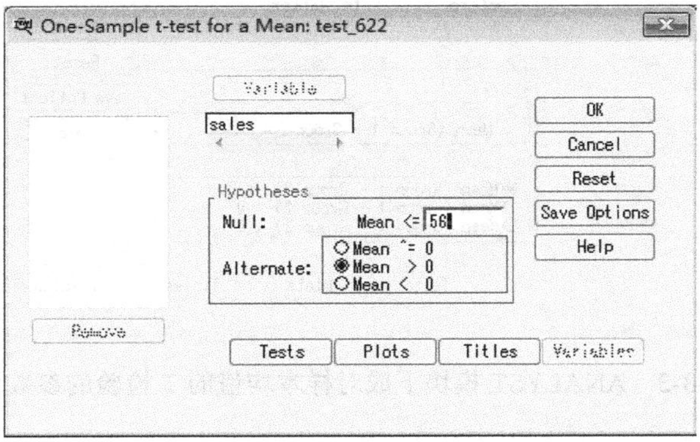

图 9-3-1　ANALYST 模块下单样本均值 T 检验的参数设置

```
Sample Statistics for sales

     N          Mean        Std. Dev.       Std. Error
   ---------------------------------------------------
    28         60.10          2.86             0.54

Hypothesis Test

   Null hypothesis:    Mean of sales <= 56
   Alternative:        Mean of sales >  56

             t Statistic       Df        Prob > t
             ---------------------------------
                7.602          27        <.0001
```

图 9-3-2　ANALYST 模块下单样本均值的 T 检验结果

9.3.2　配对样本 T 检验

配对样本 T 检验的基本概念详见 6.2.2，下面将通过例 9.3.2 演示如何利用 ANALYST 菜单模块进行配对样本 T 检验。

【例 9.3.2】 沿用例 6.2.2，试分析在 95%的置信度下采用了新的技术后产品的合格率是否有显著的提高。

操作步骤：

(1)启动 ANALYST 模块，打开数据集 SASUSER.test_623。

(2)单击“统计”→“假设检验”→“均值的双样本成对 T 检验”。在弹出的“Two-Sample Paired t-test for Means” 对话框中将变量“before”和“after”分别选入“Group1”和“Group2”按钮下方的变量框中，如图 9-3-3 所示。单击“OK”按钮，将在结果窗口输出配对样本均值的 T 检验结果，其中 T 检验的概率 P 值大于 0.05，说明厂里使用新技术后，产品的合格率没有显著差异。

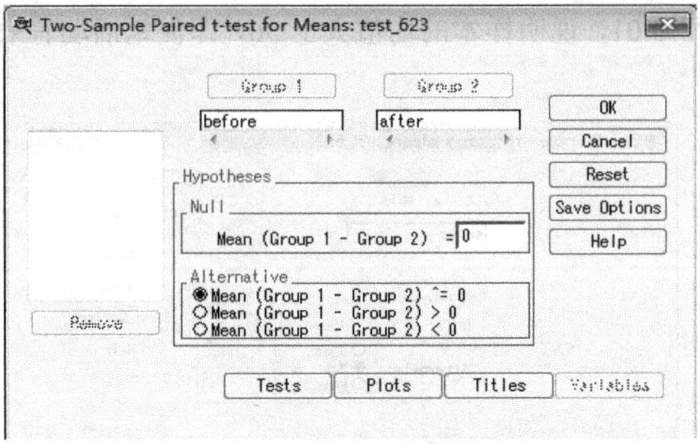

图 9-3-3　ANALYST 模块下成对样本均值的 T 检验的参数设置

```
Sample Statistics

     Group          N      Mean     Std. Dev.    Std. Error
     ------------------------------------------------------
     before        10     93.12      2.4499       0.7747
     after         10     93.77      2.8261       0.8937

Hypothesis Test

     Null hypothesis:    Mean of (before - after) = 0
     Alternative:        Mean of (before - after) ^= 0

          t Statistic     Df     Prob > t
          ---------------------------------
            -1.446         9      0.1821
```

图 9-3-4　ANALYST 模块下成对样本均值的 T 检验结果

9.3.3　独立样本的 T 检验

独立样本的 T 检验的基本概念详见 6.2.3，下面将通过例 9.3.3 演示如何利用 ANALYST 菜单模块进行独立样本的 T 检验。

【例 9.3.3】 沿用例 6.2.4，试分析在 95%的置信度下甲、乙两车间工人的工作效率是否有显著差异。

操作步骤：

(1) 启动 ANALYST 模块，打开数据集 SASUSER.test_623。

(2) 单击“统计”→“假设检验”→“均值的双样本 T 检验”，在弹出的“Two-Sample t-test for Means”对话框中，首先在 Groups are in 区域中选择“One variable”，本例中分析一个变量。变量“b”是完成时间数据，将其选入“Dependent”按钮下方的变量框，变量“a”是分组变量，包括两个车间，将变量“a”选入“Group”按钮下方的变量框中，如图 9-3-5 所示，在结果输出窗口显示如图 9-3-6 所示的假设检验的结果，概率值 P 大于 0.05，说明两个车间工人的完成时间均值没有显著差异。

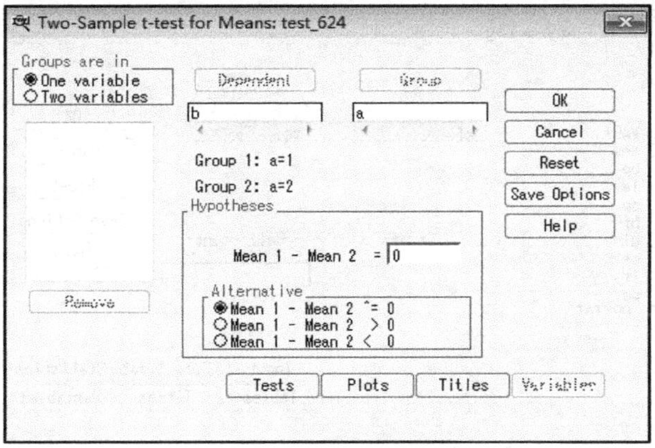

图 9-3-5 ANALYST 模块下两个样本均值的 T 检验的参数设置

```
Sample Statistics

     Group            N       Mean     Std. Dev.    Std. Error
     ---------------------------------------------------------
     1               10      30.66        1.3277        0.4198
     2               10      30.84          1.46        0.4617

Hypothesis Test

     Null hypothesis:     Mean 1 - Mean 2 =  0
     Alternative:         Mean 1 - Mean 2 ^= 0

     If Variances Are     t statistic       Df        Pr > t
     ------------------------------------------------------
     Equal                     -0.288       18        0.7763
     Not Equal                 -0.288    17.84        0.7763
```

图 9-3-6 ANALYST 模块下两个样本均值的 T 检验的结果

9.4 用 ANALYST 进行多变量关系分析

SAS 系统中除了编程法和 ASSIST 模块可以实现多变量关系分析，ANALYST 模块也可以实现多变量关系分析，如列联分析、方差分析、相关分析和回归分析等。下面通过实例演示如何利用 ANALYST 模块进行多变量关系分析。

9.4.1 列联分析

列联分析的基本原理详见 7.1，下面将通过例 9.4.1 演示如何利用 ANALYST 菜单模块进行列联分析。

【例 9.4.1】 对 SASUSER.regl 数据集中学历 (xl) 和职称 (zc) 进行列联分析。

(1) 启动 ANALYST 模块，打开数据集 SASUSER.regl。

(2) 单击“统计”→“表分析”，在弹出的“Table Analysis”对话框中设置列联表分析的变量，如图 9-4-1 所示。

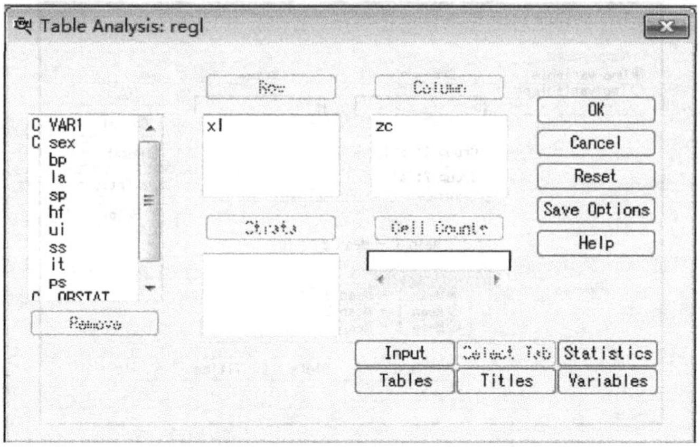

图 9-4-1　ANALYST 模块下列联分析变量设置

(3)单击“Table Analysis”对话框中的“Input”按钮，对列联表中变量各水平的显示顺序进行设置。如图 9-4-2 所示，可以设置的显示顺序包括：按非格式化的数据值排序、按格式化的数据值排序、按数据集中水平出现的顺序排序和按各水平频数的降序排序。本例中使用默认选项。

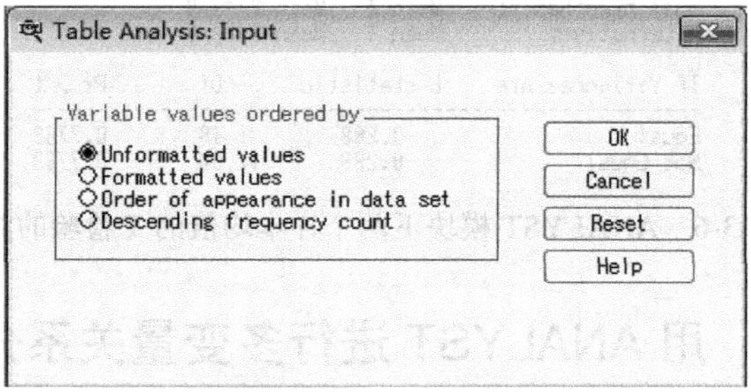

图 9-4-2　ANALYST 模块下列联分析变量显示顺序设置

(4)单击“Table Analysis”对话框中的“Statistics”按钮，对需要计算的统计量进行设置。其中，Statistics 区域用于卡方检验的参数设置：Exact test 区域用于设置 F 测验；Print statistics only(no tables)复选框设置仅打印统计结果，不打印输出列联表；Include missing values in calculations 复选框选中表示计算时包括缺失值。如图 9-4-3 所示。

(5)单击“Table Analysis”对话框中的“Tables”按钮，对列联表输出情况进行设置。如图 9-4-4 所示。其中，Frequencies 区域包括 Observed(观测频数)、Expected(期望频数)、Deviation(差值频数)三个选项，分别用于控制相应频数的输出。Percentages 区域包括 Cell(单元格百分比)、Row(行百分比)和 Column(列百分比)三个选项，分别用于控制相应百分比的输出。

(6) 单击“Table Analysis”对话框中的“Titles”按钮，设置本次列联分析的标题。

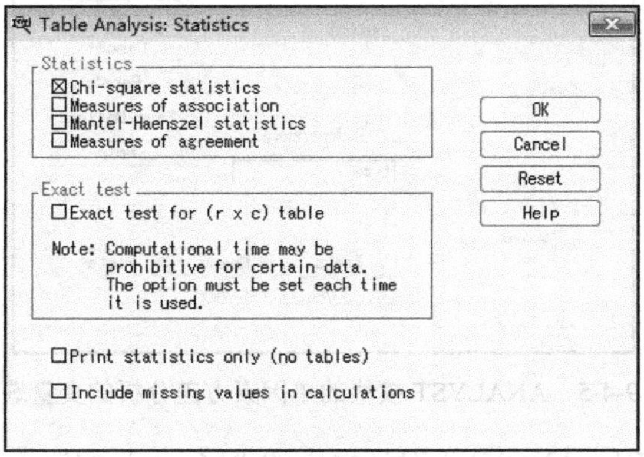

图 9-4-3　ANALYST 模块下列联分析统计参数设置

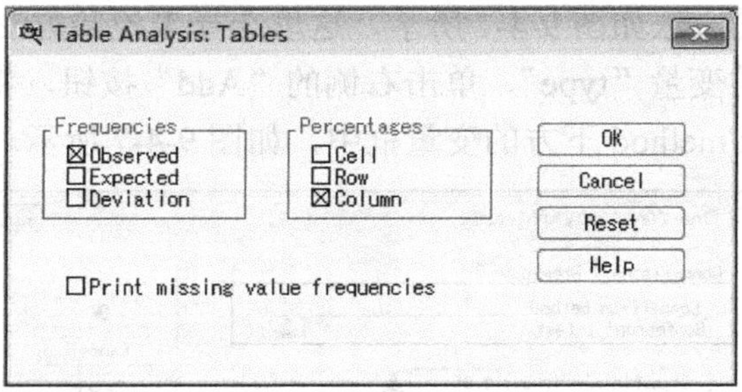

图 9-4-4　ANALYST 模块下列联分析输出设置

(7) 单击“Table Analysis”对话框中的“OK”按钮，得出列联分析的最终结果与编程的结果相同，参见图 7-1-1 和图 7-1-2。

9.4.2　方差分析

1. 利用 ANALYST 模块实现单因素方差分析

单因素方差分析的基本概念和步骤详见 7.2.1，下面将通过例 9.4.2 演示如何利用 ANALYST 菜单模块进行单因素方差分析。

【例 9.4.2】 沿用例 7.2.1，试分析施肥方案对农作物年产量是否有显著影响。

(1) 启动 ANALYST 模块，打开数据集 SASUSER.test_721。

(2) 单击 ANALYST 主窗口内的菜单“统计”→“方差分析”→“单向方差分析”，在打开的“One-Way ANOVA”对话框中，选中因变量“output”，单击“Dependent”按钮，使其进入“Dependent”按钮下方的变量框中；选中自变量“type”，单击“Independent”按钮，使其进入“Independent”按钮下方的变量框中，如图 9-4-5 所示。

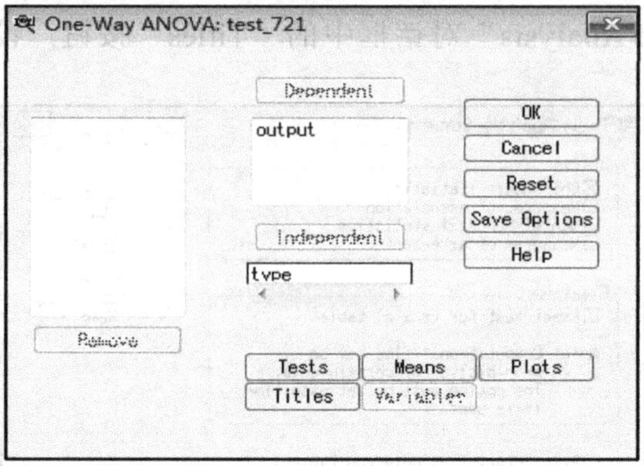

图 9-4-5　ANALYST 模块的单因素方差分析的变量选择

(3)单击“One-Way ANOVA”对话框中的“Means”按钮，打开如图 9-4-6 所示的“One-Way ANOVA：Means”对话框。在 Comparision method 区域选择多重比较的方法，可以选择的方法如图 9-4-7 所示，这里选择 T 检验方法。选中 Main effects 按钮下方变量框中的变量“type”，单击右侧的“Add”按钮，将需要进行的多重比较的变量选入 Effect/method 下方的变量框中，如图 9-4-7 所示。

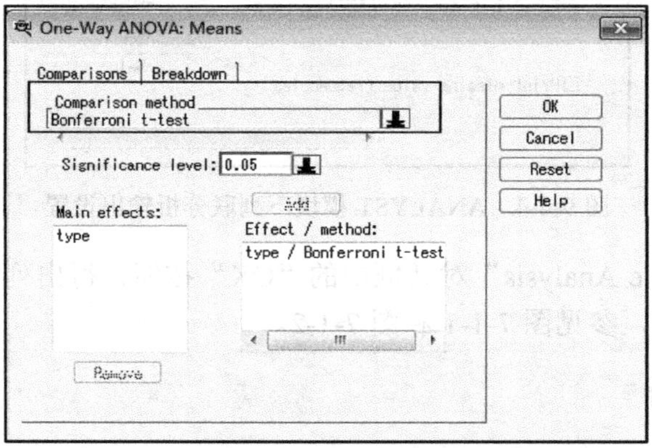

图 9-4-6　ANALYST 模块的多重比较参数设置

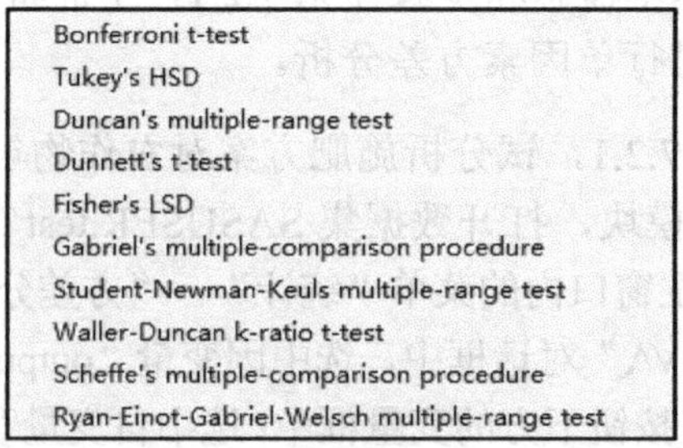

图 9-4-7　ANALYST 模块的多重比较方法

(4) 单击“One-Way ANOVA”对话框中的“OK”按钮，生成如图 9-4-8 所示的方差分析的结果，以及图 9-4-9 所示的多重比较结果。

```
                                   The ANOVA Procedure

                                Class Level Information

                              Class         Levels    Values

                              type               3    1 2 3


                       Number of Observations Read           18
                       Number of Observations Used           18
                                                  2016年06月11日 星期六 上午10时22分39秒   2

                                   The ANOVA Procedure

Dependent Variable: output

                                              Sum of
          Source                      DF     Squares     Mean Square    F Value    Pr > F

          Model                        2  28254.77778    14127.38889      36.06    <.0001

          Error                       15   5877.00000      391.80000

          Corrected Total             17  34131.77778


                      R-Square     Coeff Var     Root MSE    output Mean

                      0.827814      2.128635     19.79394       929.8889


          Source                      DF      Anova SS     Mean Square    F Value    Pr > F

          type                         2  28254.77778    14127.38889      36.06    <.0001
```

图 9-4-8　ANALYST 模块的单因素方差分析结果

```
                                   The ANOVA Procedure

                             Bonferroni (Dunn) t Tests for output

NOTE: This test controls the Type I experimentwise error rate, but it generally has a higher Type II error rate than REGWQ.


                          Alpha                              0.05
                          Error Degrees of Freedom             15
                          Error Mean Square                 391.8
                          Critical Value of t             2.69374
                          Minimum Significant Difference   30.784


                     Means with the same letter are not significantly different.


                       Bon Grouping          Mean      N    type

                                  A        962.83      6    3
                                  A
                                  A        952.67      6    2

                                  B        874.17      6    1
```

图 9-4-9　ANALYST 模块的单因素方差分析的多重比较结果

2．利用 ANALYST 模块实现双因素的方差分析

双因素方差分析的基本概念详见 7.2.2，下面将通过例 9.4.3 演示如何利用 ANALYST 菜单模块进行双因素方差分析。

【例 9.4.3】 沿用例 7.2.2，试分析在不同催化剂含量下化学反应速率是否有显著差异。

(1) 在 SAS 系统内启动 ANALYST 模块，打开数据集 SASUSER.test_722。

(2) 单击 ANALYST 主窗口内的菜单“统计”→“方差分析”→“线性模型”，

打开如图 9-4-10 所示的“Linear Models”对话框。在其中选择变量“X”，单击“Dependent”按钮，使其进入“Dependent”按钮下方的变量框中。选中变量“A”和“B”，单击“Class”按钮，使其进入“Class”按钮下方的变量框中，如图 9-4-10 所示。

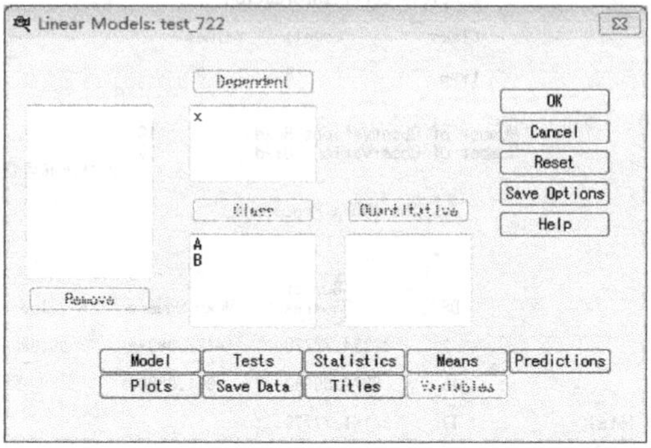

图 9-4-10　双因素方差分析的参数选择界面

(3)单击“Linear Models”对话框上的“Ok”按钮，生成如图 9-4-11 所示的双因素方差分析结果。

The GLM Procedure

Class Level Information

Class	Levels	Values
A	4	1 2 3 4
B	3	1 2 3

Number of Observations Read	36
Number of Observations Used	36

2016年06月11日 星期六 上午10时22分39秒　2

The GLM Procedure

Dependent Variable: x

Source	DF	Sum of Squares	Mean Square	F Value	Pr > F
Model	5	21.92944444	4.38588889	36.59	<.0001
Error	30	3.59611111	0.11987037		
Corrected Total	35	25.52555556			

R-Square	Coeff Var	Root MSE	x Mean
0.859117	2.828876	0.346223	12.23889

Source	DF	Type III SS	Mean Square	F Value	Pr > F
A	3	18.04555556	6.01518519	50.18	<.0001
B	2	3.88388889	1.94194444	16.20	<.0001

图 9-4-11　双因素方差分析结果

9.4.3　相关分析

相关分析的基本概念和特点详见 7.3.1，下面将通过例 9.4.4 演示如何利用 ANALYST 菜单模块进行相关分析。

【例 9.4.4】 沿用例 7.3.1。分析变量 Age、Height 和 Weight 的相关关系。

(1) 启动 ANALYST 模块，打开数据集 SASHELP.class。

(2) 单击 ANALYST 模块主菜单“统计”→“描述性统计”→“相关”，弹出“Correlations:class”对话框，将需要进行相关分析的变量“Age”、“Height”、“Weight”选入“Correlate”按钮下方的变量框中，如图 9-4-12 所示。

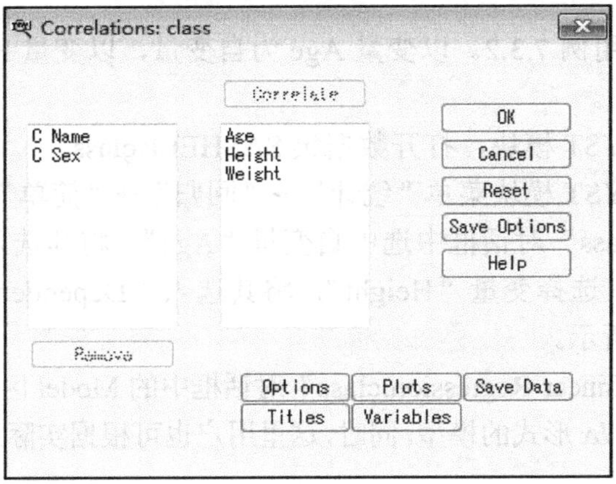

图 9-4-12　ANALYST 模块的相关分析的参数设置

(3) 单击“Correlations:class”对话框的“Ok”按钮，得出如图 9-4-13 所示的结果。

在 ANALYST 模块内相关分析的结果主要包括数据的基本描述信息和相关系数的计算结果两部分，如图 9-4-13 所示。其中数据的基本描述信息给出了计算相关的所有变量数据的样本数、均值、标准差、总和、最小值等基本统计量，同时计算了任意两个变量的相关系数，并给出了相关系数检验的 *P* 值。

CORR PROCEDURE

3 变量:　Age　Height　Weight

简单统计量

变量	N	均值	标准差	总和	最小值	最大值
Age	19	13.31579	1.49267	253.00000	11.00000	16.00000
Height	19	62.33684	5.12708	1184	51.30000	72.00000
Weight	19	100.02632	22.77393	1901	50.50000	150.00000

Pearson 相关系数，N = 19
当 H0: Rho=0 时，Prob > |r|

	Age	Height	Weight
Age	1.00000	0.81143 <.0001	0.74089 0.0003
Height	0.81143 <.0001	1.00000	0.87779 <.0001
Weight	0.74089 0.0003	0.87779 <.0001	1.00000

图 9-4-13　ANALYST 模块的相关分析结果

9.4.4 回归分析

回归分析的基本概念和分类详见 7.3.2，下面将通过例 9.4.5 和例 9.4.5 演示如何利用 ANALYST 菜单模块进行一元线性回归分析和多元线性回归分析。

1. 利用 ANALYST 模块实现一元线性回归分析

【例 9.4.5】 沿用例 7.3.2。以变量 Age 为自变量，以变量 Height 为因变量，建立一元线性回归模型。

(1) 启动 ANALYST 模块，打开数据集 SASHELP.class。

(2) 单击 ANALYST 模块菜单“统计”→“回归”→“简单”，在弹出的“Simple Linear Regression:class”对话框中选中自变量“Age”，将其选入“Explanatory”按钮下方的变量框中，选择变量“Height”，将其选入“Dependent”按钮下方的变量框中，如图 9-4-14 所示。

(3) 在“Simple Linear Regression:class”对话框中的 Model 区域，选择“Linear 线性模型”，将构建 $y=a+bx$ 形式的模型。同时，这里用户也可根据实际的需要选择 Quadratic 和 Cubic。

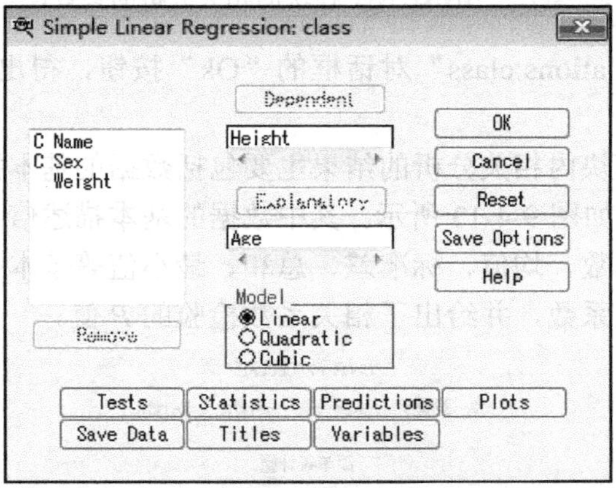

图 9-4-14 基于 ANALYST 模块的回归模型的参数设置

(4) 单击“Simple Linear Regression”对话框中的“Ok”按钮，执行回归分析计算。计算的结果如图 9-4-15 所示，主要包括回归模型的基本信息表、方差分析表、模型统计参数表和参数估计表。

回归分析结果解释：

(1) 第一部分是方差分析表，回归方程的 F 统计量为 32.77，概率 P 值小于 0.0001，小于显著性水平 0.05，表明模型的拟合程度较好；R 方值为 0.6584，表明因变量 Y 的总体变异中的 65.84%被自变量 X 所解释。

```
                        The REG Procedure
                          Model: MODEL1
                    Dependent Variable: Height

             Number of Observations Read          19
             Number of Observations Used          19


                        Analysis of Variance
                                                                  第一部分
                                  Sum of           Mean
Source                  DF       Squares         Square    F Value    Pr > F

Model                    1     311.54348      311.54348      32.77    <.0001
Error                   17     161.62073        9.50710
Corrected Total         18     473.16421


          Root MSE              3.08336    R-Square     0.6584
          Dependent Mean       62.33684    Adj R-Sq     0.6383
          Coeff Var             4.94629


                        Parameter Estimates
                                                                  第二部分
                         Parameter       Standard
     Variable     DF      Estimate          Error    t Value    Pr > |t|

     Intercept     1      25.22388        6.52169       3.87      0.0012
     Age           1       2.78714        0.48688       5.72      <.0001
```

图 9-4-15 基于 ANALYST 模块的回归结果

(2)第二部分是参数估计结果，常数项(Intercept)为 25.22，其 P 值为 0.0012，小于显著性水平 0.05，说明常数项显著；自变量 Age 的回归系数为 2.79，P 值小于 0.0001，小于显著性水平 0.05，说明回归系数显著。其回归方程为：

$$Y=25.22+2.79\text{Age}$$

2．利用 ANALYST 模块实现多元线性回归分析

【例 9.4.6】 沿用例 7.3.2。以变量 Age、Weight 为自变量，以 Height 为因变量，建立多元线性回归模型。

(1)启动 ANALYST 模块，打开数据集 SASHELP.class。

(2)单击 ANALYST 模块主菜单“统计”→“回归”→“线性”，在弹出的“Linear Regression:class”对话框将因变量“Height”选入“Dependent”按钮下方的变量框中，将自变量“Age”和“Weight”选入“Explanatory”按钮下方的变量框中，如图 9-4-16 所示。

(3)单击“Linear Regression:class”对话框中的“Model”按钮，设置模型的构建方法，如图 9-4-17 所示。例中建立多元回归模型，选择“Full model”，若模型中不包含截距项，则勾选“Do not include an intercept”选项。

(4)单击“Linear Regression:class”对话框的“Statistics”按钮，在弹出的对话框内可设置相关的统计量，包括回归系数的标准差、置信区间等，如图 9-4-18 所示。

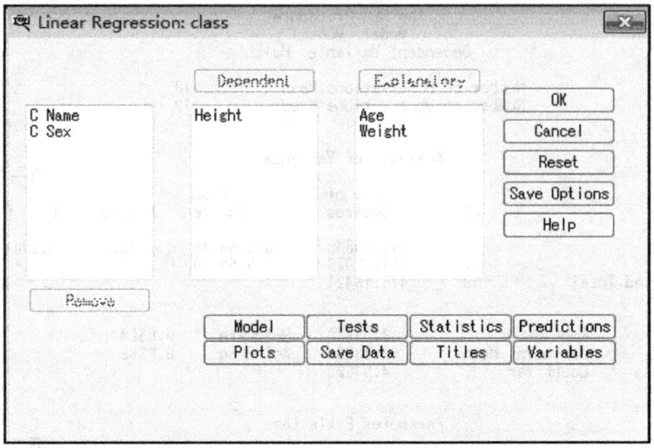

图 9-4-16　基于 ANALYST 模块的回归模型的参数设置

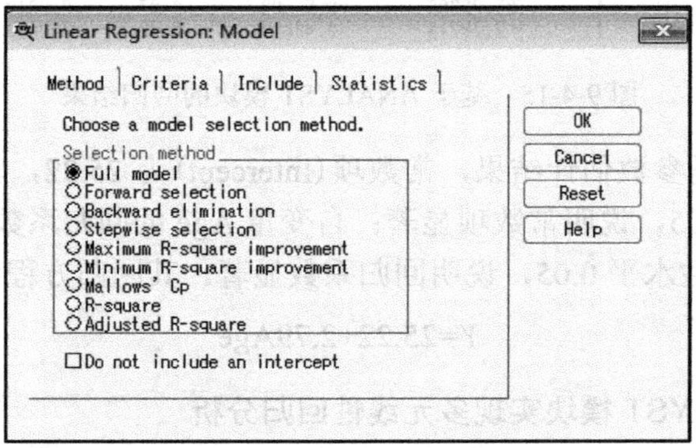

图 9-4-17　基于 ANALYST 模块的多元回归模型方法设置

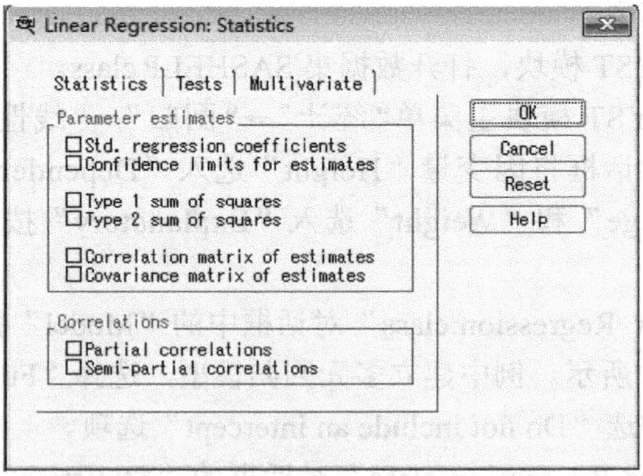

图 9-4-18　基于 ANALYST 模块的多元回归模型统计量设置

(5) 单击 “Linear Regression:class” 对话框的 “Predictions” 按钮，在弹出的对话框内可以设置模型预测的情况，如图 9-4-19 所示。

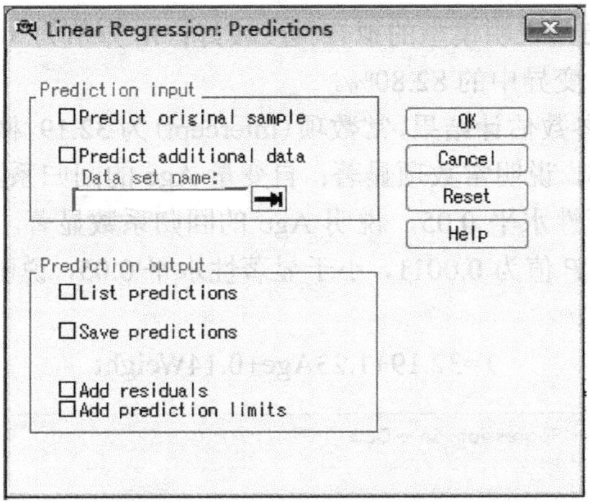

图 9-4-19 基于 ANALYST 模块的多元回归模型预测设置

(6) 单击"Linear Regression:class"对话框的"Plots"按钮，在弹出的对话框内可以绘制各种用于描述数据关系的散点图，包括观测值与预测值的散点图、自变量与因变量的散点图、残差图等，如图 9-4-20 所示。

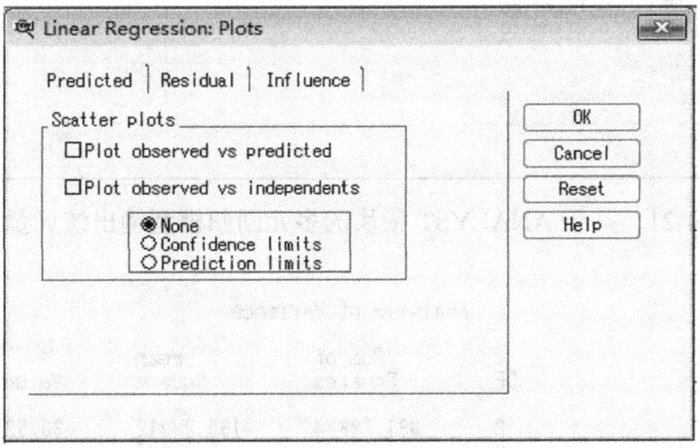

图 9-4-20 基于 ANALYST 模块的多元回归模型统计图形绘制设置

(7) 单击"Linear Regression:class"对话框的"Save Data"按钮，在弹出的对话框内选择需要保存的统计量，如图 9-4-21 所示，单击"Add"按钮，将其添加到结果输出数据集中。此操作功能类似于 REG 过程中的 OUTPUT 语句。

(8) 最后，返回"Linear Regression:class"对话框，单击"Ok"按钮，完成多元回归分析，计算的结果如图 9-4-22 所示。计算结果的组成与基于 REG 过程的多元回归分析基本类似。

多元回归结果解释：

(1) 第一部分是方差分析表，回归方程的 F 统计量为 38.52，概率 P 值小于 0.0001，小于显著性水平 0.05，表明模型的拟合程度较好；R 方值为 0.828，表明自变量 X 可以解释因变量 Y 总变异中的 82.80%。

(2)第二部分是参数估计结果，常数项(Intercept)为 32.19，概率 P 值小于 0.0001，小于显著性水平 0.05，说明常数项显著；自变量 Age 的回归系数为 1.23，概率 P 值为 0.0343，小于显著性水平 0.05，说明 Age 的回归系数显著。自变量 Weight 的回归系数为 0.14，概率 P 值为 0.0011，小于显著性水平 0.05，说明 Weight 的回归系数显著。其回归方程为：

$$Y=32.19+1.23\text{Age}+0.14\text{Weight}$$

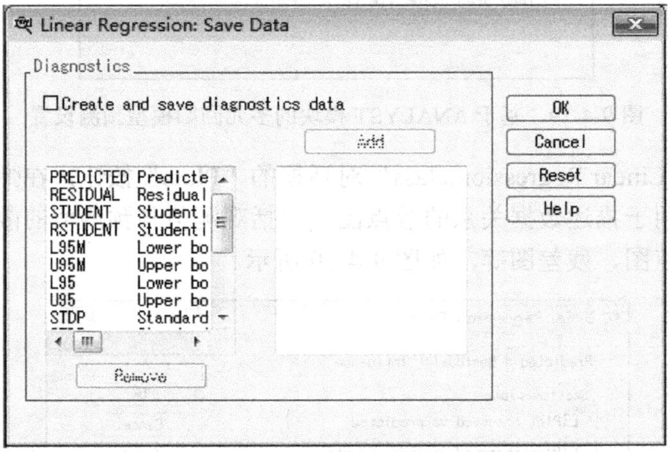

图 9-4-21　基于 ANALYST 模块的多元回归模型输出统计量设置

Analysis of Variance

第一部分

Source	DF	Sum of Squares	Mean Square	F Value	Pr > F
Model	2	391.79824	195.89912	38.52	<.0001
Error	16	81.36597	5.08537		
Corrected Total	18	473.16421			

Root MSE	2.25508	R-Square	0.8280
Dependent Mean	62.33684	Adj R-Sq	0.8065
Coeff Var	3.61757		

Parameter Estimates

第二部分

Variable	DF	Parameter Estimate	Standard Error	t Value	Pr > |t|
Intercept	1	32.19431	5.08227	6.33	<.0001
Age	1	1.22667	0.53019	2.31	0.0343
Weight	1	0.13805	0.03475	3.97	0.0011

图 9-4-22　基于 ANALYST 模块的回归结果

9.5 本讲小结

本讲重点介绍了如何利用 ANALYST 模块进行基本的统计分析。从 ANALYST 模块的主菜单和界面入手介绍了如何在此模块下进行实例操作，对于不熟悉 SAS 语言的用户，不失为一种较为简便的操作方法。

第 10 讲　SAS/INSIGHT

SAS 系统不仅为用户提供了面向任务菜单驱动的 ANALYST 模块和易学易用的 ASSIST 模块，而且提供了可视化的数据探索工具 INSIGHT 模块。因为该模块在 SAS 9.2 以后的版本中不复存在，因此本讲对 INSIGHT 模块只进行较为简单的介绍。本讲的重点和难点在于如何利用 INSIGHT 模块进行假设检验和统计分析等。

10.1　INSIGHT 模块简介

SAS/INSIGHT 是 SAS 系统下一个交互式数据探索和分析的子系统。利用该模块，用户不仅可以实现对数据的描述性分析，还可实现简单的统计分析，如假设检验、方差分析、回归分析等。所谓的交互式(又称动态性)，一是体现在拟合回归时，可以利用多项式方程进行拟合，而且只需手动调整多项式次数就可以轻松实现高次项的拟合。二是体现在描述数据的分布形态时，INSIGHT 模块可提供不同图形间的比较，用户只需对其中一个图形执行某种操作，这种操作的结果便会同样呈现在其他图形上。

10.1.1　INSIGHT 窗口的启动

与 SAS 其他窗口的启动方法类似，INSIGHT 窗口的启动也有命令行方式和菜单方式两种，一是命令行方式：在主菜单的命令行窗口输入命令“INSIGHT”即可；二是菜单方式：单击主界面的菜单“解决方案”→“交互性数据分析”。通过上述两种方法启动 INSIGHT 模块，打开如图 10-1-1 所示的窗口。如果要生成新数据集，则单击“新建”按钮；如果打开已有的数据集，单击“打开”按钮。选定数据集后，系统进入 SAS/INSIGHT 子系统主界面，如图 10-1-2 所示。

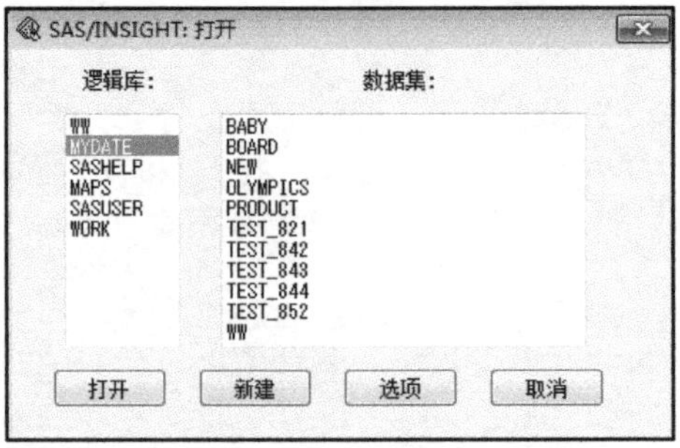

图 10-1-1　INSIGHT 窗口

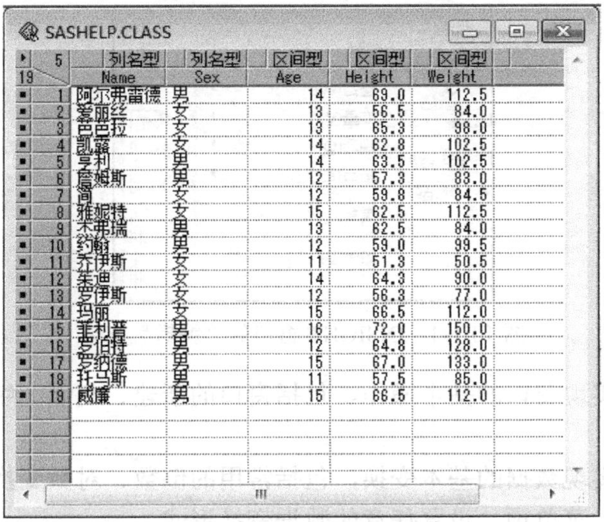

5 / 19	列名型 Name	列名型 Sex	区间型 Age	区间型 Height	区间型 Weight
1	阿尔弗雷德	男	14	69.0	112.5
2	爱丽丝	女	13	56.5	84.0
3	芭芭拉	女	13	65.3	98.0
4	凯露	女	14	62.8	102.5
5	亨利	男	14	63.5	102.5
6	詹姆斯	男	12	57.3	83.0
7	简	女	12	59.8	84.5
8	雅妮特	女	15	62.5	112.5
9	杰弗瑞	男	13	62.5	84.0
10	约翰	男	12	59.0	99.5
11	乔伊斯	女	11	51.3	50.5
12	茱迪	女	14	64.3	90.0
13	罗伊斯	女	12	56.3	77.0
14	玛丽	女	15	66.5	112.0
15	菲利普	男	16	72.0	150.0
16	罗伯特	男	12	64.8	128.0
17	罗纳德	男	15	67.0	133.0
18	托马斯	男	11	57.5	85.0
19	威廉	男	15	66.5	112.0

图 10-1-2　SAS/INSIGHT 子系统主界面

10.1.2　INSIGHT 窗口的菜单

在 SAS 中随着打开窗口的不同，其界面上的主菜单也依据所选择的菜单驱动模块不同而发生动态变化。INSIGHT 窗口下的主菜单包括“文件”、“编辑”、“分析”、“表”、“图形”、“曲线”、“变量”、“窗口”和“帮助”菜单。

1．文件菜单

主要实现对 SAS 数据集打开、保存，窗口的页面设置、打印设置，INSIGHT 窗口的关闭和退出，如图 10-1-3 所示。

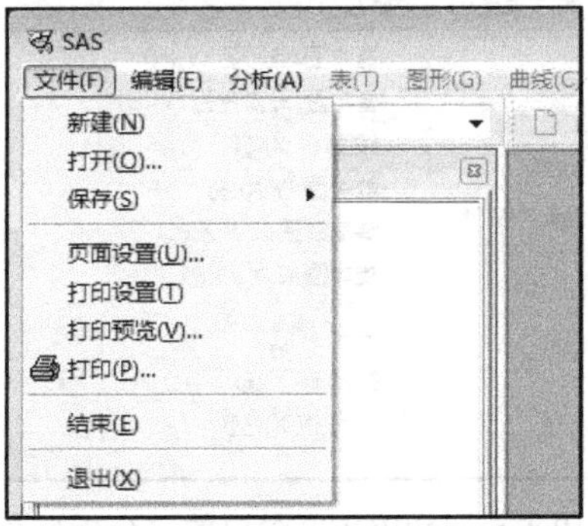

图 10-1-3　INSIGHT 窗口的“文件”菜单

2．编辑菜单

主要实现常用的编辑操作，如图 10-1-4 所示。

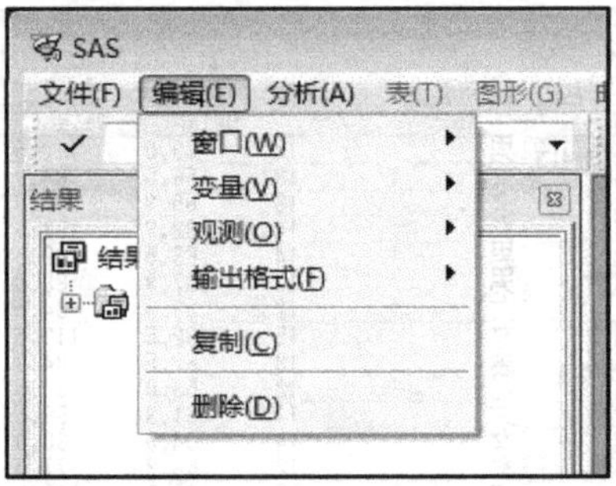

图 10-1-4 INSIGHT 窗口的“编辑”菜单

窗口：主要实现窗口的基本操作，包括窗口的新建、复制、字体设置和布局设置等。

变量：主要实现数据的基本变换，包括常用的倒数、对数变换等。同时，用户还可根据“其他”菜单项，设置任意的数据变换形式。

观测：主要实现对观测数据的选择。

输出格式：实现数据输出格式的设置。

复制：实现对指定数据集的复制。

删除：实现对指定数据集的删除。

3．分析菜单

主要实现 INSIGHT 窗口的作图和分析功能，可以绘制的图形包括直方图/条形图、盒形图/马赛克图、线图、散点图、等高线图和旋转图；分析功能包括分布、拟合、多元三种常用的统计分析功能。如图 10-1-5 所示。

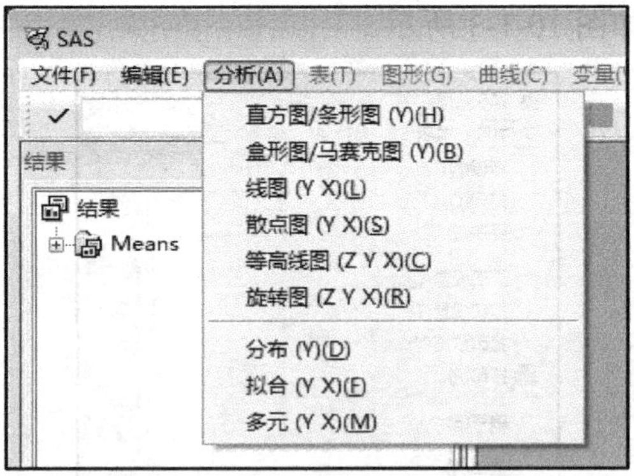

图 10-1-5 INSIGHT 窗口的“分析”菜单

INSIGHT 窗口中其他几个菜单“表”、“图形”、“曲线”、“变量”主要用于分析过程中的图形等参数设置，随着不同的数据分析将显示不同的菜单项，这里不展开叙述。

10.2 利用 INSIGHT 模块实现描述性统计分析

利用 INSIGHT 模块的菜单操作同样可以实现数据集中趋势、离散程度、分布形状等描述性统计分析。本节通过实例向用户展示如何在 INSIGHT 模块中实现描述性统计分析。

【例 10.2.1】 在 INSIGHT 模块下对 Regl 数据集中的实发工资(ps)进行描述性统计分析。

操作步骤：

(1)启动 INSIGHT，打开数据集 SASUSER.regl。

(2)单击主菜单的“分析”→“分布”，打开如图 10-2-1 所示的“分布”对话框，选中数据集要分析的变量，单击“分布”对话框中的各按钮，使变量被赋予不同的功能。其中 Y 按钮用于控制需要分析的变量。“分组变量”按钮用于指定分组的变量，在本例中，选中变量“ps”，将变量“ps”选入 Y 下方的变量框中。

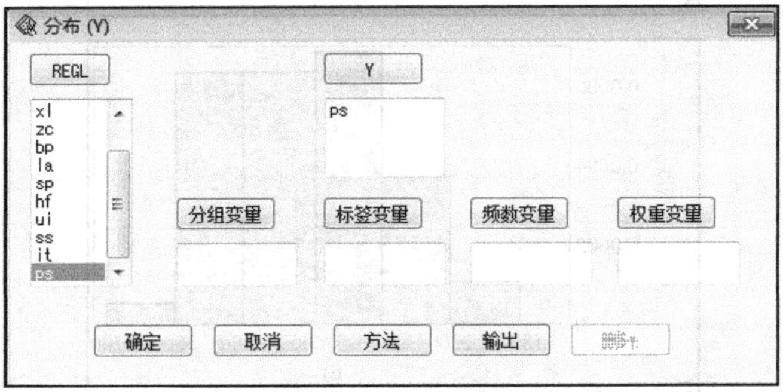

图 10-2-1 “分布”对话框

(3)单击“分布”对话框中的“输出”按钮，弹出如图 10-2-2 所示的分布对话框。可以设置输出的统计量包括矩统计量、分位数、基本置信区间、位置检验、频数统计、尺度的稳健估计、正态性检验、盒形图/马赛克图、直方图/条形图、正态 Q-Q 图等。用户只需勾选相应的复选框，在结果输出窗口中将输出这些结果。本例中使用默认的输出参数，单击“确定”按钮，在返回的“分布”对话框中继续单击“确定”按钮，输出如图 10-2-3、图 10-2-4 和图 10-2-5 所示的描述性统计分析结果。

描述性统计分析结果由三部分组成。第一部分是描述性统计分析图，盒形图可以反映出变量的均值、分位数等，直方图可以反映出数据分布的基本特征。如图 10-2-3 所示；第二部分是变量 ps 描述性统计分析的矩统计量结果，包括样本数、均值、标准差、偏度等。如图 10-2-4 所示；第三部分是描述性统计分析的分位数，包括最大值、最小值、上分位数、下四分位数等，如图 10-2-5 所示。

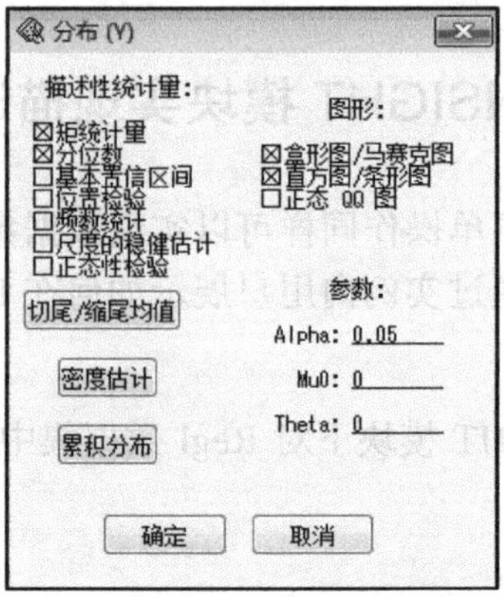

图 10-2-2 描述性统计分析的结果输出设置

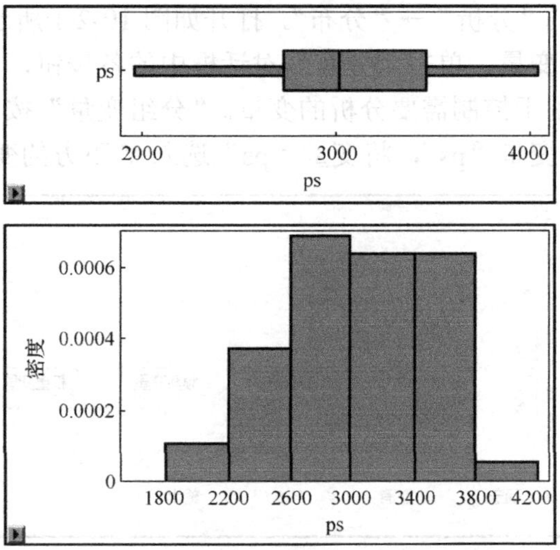

图 10-2-3 描述性统计分析的盒形图和直方图

矩统计量			
N	47.0000	权重总和	47.0000
均值	3053.1645	总和	143498.730
标准差	492.5890	方差	242643.895
偏度	-0.0908	峰度	-0.6112
未校平方和 (USS)	449286843	校正平方和 (CSS)	11161619.2
变异系数	16.1337	标准误差	71.8515

图 10-2-4 描述性统计分析的矩统计量

分位数			
100% 最大值	4040.7000	99.0%	4040.7000
75% Q3	3457.5000	97.5%	3790.1400
50% 中位数	3018.3000	95.0%	3766.6500
25% Q1	2722.2900	90.0%	3727.5000
0% 最小值	1965.7500	10.0%	2404.8600
极差	2074.9500	5.0%	2211.9000
Q3-Q1	735.2100	2.5%	2171.6700
众数	3727.5000	1.0%	1965.7500

图 10-2-5 描述性统计分析的分位数

10.3 利用 INSIGHT 模块实现参数估计和假设检验

利用 INSIGHT 模块可以实现参数估计和假设检验，本节通过具体的实例演示这些操作的实现。

10.3.1 参数估计

利用 INSIGHT 模块可以实现统计量的参数估计，包括点估计和区间估计。此处以单个总体均值的区间估计为例，演示其具体的操作流程。

【例 10.3.1】 沿用例 6.1.1，试估计节能灯泡的寿命总体均值和标准差的 95%的置信区间。

操作步骤：

(1) 启动 INSIGHT 模块，打开数据集 SASUSER.test_611。

(2) 单击菜单"分析"→"分布"，打开如图 10-3-1 所示的"分布"对话框，选择分析变量进入 Y 按钮下的变量框中。

(3) 单击"分布"对话框的"输出"按钮，在弹出的输出参数设置对话框中，选择"基本置信区间"复选框，如图 10-3-2 所示。同时，在该对话框右下侧的"参数"区域，用户可以设置置信区间估计的显著性水平为 0.05，单击"确定"按钮，返回"分布"对话框。最后单击"分布"对话框中的"确定"按钮，输出对总体均值、标准差和方差的点估计和区间估计结果，如图 10-3-3 所示。

图 10-3-1 INSIGHT 模块下"分布"对话框

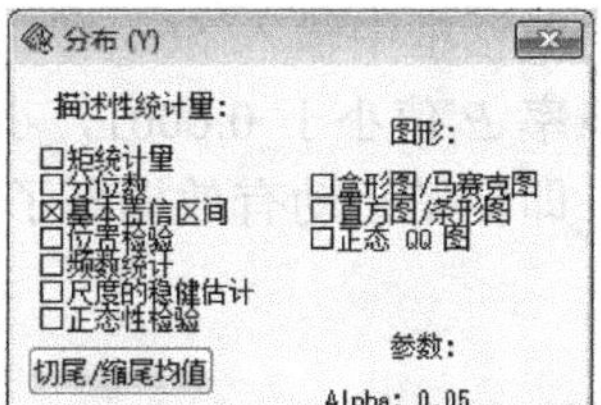

图 10-3-2 INSIGHT 模块下区间估计设置

95% 置信区间			
参数	估计值	置信下限	置信上限
均值	200.2500	195.9022	204.5978
标准差	9.2899	7.0649	13.5686
方差	86.3026	49.9128	184.1068

图 10-3-3 INSIGHT 模块下区间估计结果

10.3.2 单样本 T 检验

利用 INSIGHT 模块可以实现单样本均值 T 检验。首先用户需要获得描述性统计分析的结果，然后针对描述性统计结果进行 T 检验。现通过例 10.3.2 演示其具体的操作流程。

【例 10.3.2】 沿用例 6.2.1，试分析该商店的促销是否有效。

(1) 启动 INSIGHT 模块，打开数据集 SASUSER.test_621。

(2) 单击菜单“分析”→“分布”，打开如图 10-3-4 所示的“分布”对话框，将变量“sales”选入 Y 按钮下方的变量框中。

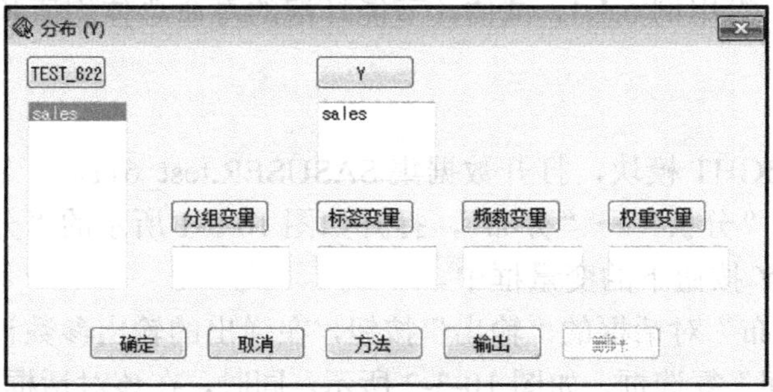

图 10-3-4 “分布”对话框

(3) 单击“确定”按钮，完成对变量“sales”的描述性统计分析工作。

(4) 单击 INSIGHT 模块主窗口的菜单“表”→“位置检验”，在弹出的如图 10-3-5 所示的对话框中输入 56。单击“确定”按钮，将输出如图 10-3-6 所示的 T 检验结果。概率 *P* 值小于 0.0001，小于显著性水平 0.05，说明样本均值和总体均值 56 不相等，即促销活动有效提高了商品的当月销售量。

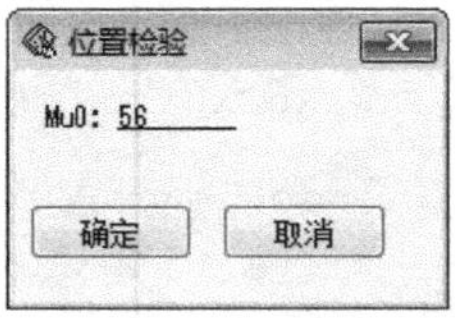

图 10-3-5 单样本 T 检验参数设置

位置检验: Mu0=56		
观测数 (!= Mu0):28		
观测数 (> Mu0):26		
检验	统计量	P 值
Student t	7.60	<.0001
符号检验	12.00	<.0001
符号秩检验	200.00	<.0001

图 10-3-6 单样本 T 检验的结果

10.3.3　配对样本 T 检验

在 INSIGHT 模块中可以实现配对样本均值 T 检验。通过对配对样本的差值与 0 值的显著性分析实现。下面通过例 10.3.3 演示其具体的操作流程。

【例 10.3.3】 沿用例 6.2.2，利用 INSIGHT 模块实现配对样本均值 T 检验，试分析在 95%的置信度下采用了新的技术后产品的合格率是否有显著的提高。

操作步骤：

(1) 启动 INSIGHT 模块，打开数据集 SASUSER.test_622。

(2) 计算采用新技术前后成对数据的差值，单击菜单“编辑”→“变量”→“其他”，打开如图 10-3-7 所示的“编辑变量”对话框。将变量“after”选入“Y”按钮下方的变量框中，将变量 before 选入“X”按钮下方的变量框中；在右侧的“变换”按钮下方，选择需要创建的新变量 Y−X。

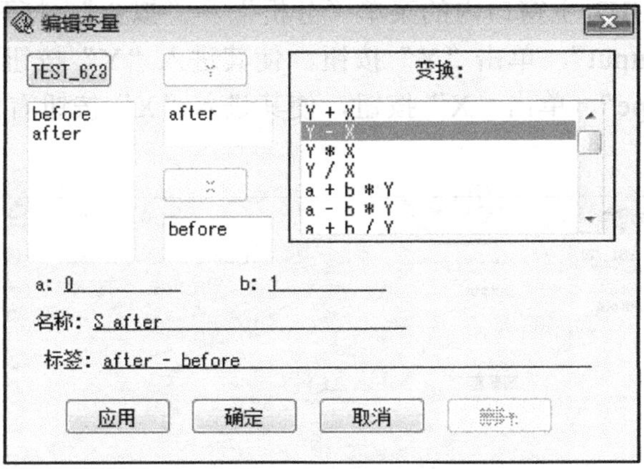

图 10-3-7　INSIGHT 模块“编辑变量”对话框

(3) 对新生成的变量 S after 进行假设检验，步骤同例 10.3.2 中的步骤 (2)~(4)。其中位置检验的参数值为 0，如图 10-3-8 所示。最后的结果如图 10-3-9 所示，概率 *P* 值为 0.18，大于显著性水平 0.05，说明使用了新技术后，产品的合格率没有显著差异。

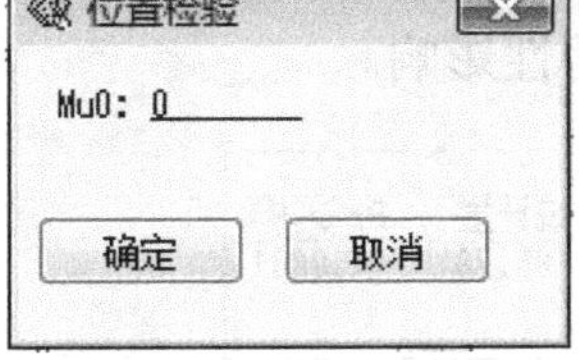

图 10-3-8　配对样本 T 检验参数设置

位置检验：Mu0=0
观测数 (!= Mu0):9
观测数 (> Mu0):6

检验	统计量	P 值
Student t	1.45	0.1821
符号检验	1.50	0.5078
符号秩检验	10.00	0.2617

图 10-3-9　配对样本 T 检验的结果

10.4 利用 INSIGHT 模块实现变量间关系分析

10.4.1 方差分析

本书已讲解过如何通过编程、ANALYST 模块和 ASSIST 模块实现方差分析。本节主要介绍如何在 SAS 系统内通过 INSIGHT 模块实现方差分析。

1. 利用 INSIGHT 模块实现单因素方差分析

单因素方差分析的基本概念和步骤详见 7.2.1，下面将通过例 10.4.1 演示如何利用 INSIGHT 菜单模块进行单因素方差分析。

【例 10.4.1】 沿用例 7.2.1，试分析施肥方案对农作物年产量是否有显著影响。

(1) 启动 INSIGHT 模块，打开数据集 SASUSER.test_721。

(2) 单击 INSIGHT 主窗口内的菜单“分析”→“拟合”，打开“拟合”对话框。选中分析变量“output”，单击“Y”按钮，使其进入“Y”按钮下方的变量框中；选中分类变量“type”，单击“X”按钮，使其进入“X”按钮右侧的变量框中，如图 10-4-1 所示。

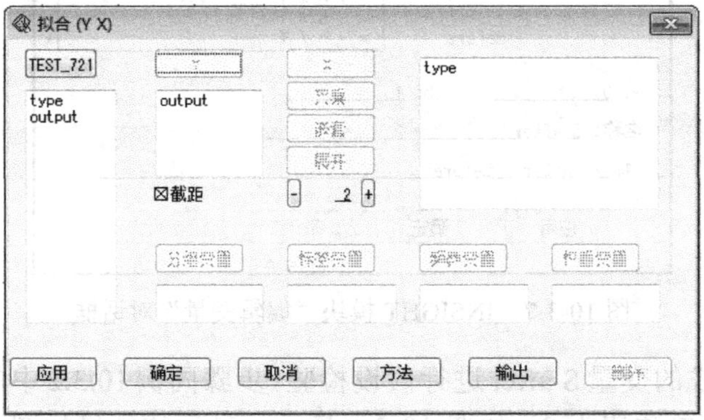

图 10-4-1 INSIGHT 模块的“拟合”对话框

(3) 单击“拟合”对话框中的“确定”按钮，进行数据分析。生成的结果中包含如图 10-4-2 所示的方差分析结果表。方差分析的 *F* 统计量为 35.78，概率 *P* 值小于 0.0001，表明不同施肥方案对农作物年产量具有显著性影响。

方差分析					
源	自由度	平方和	均方	F 统计量	Pr > F
模型	1	23585.3333	23585.3333	35.78	<.0001
误差	16	10546.4444	659.1528		
C 合计	17	34131.7778			

图 10-4-2 单因素方差分析的结果

2．利用 INSIGHT 模块实现双因素方差分析

双因素方差分析的基本概念详见 7.2.2，下面将通过例 10.4.2 演示如何利用 INSIGHT 菜单模块进行双因素方差分析。

【例 10.4.2】 沿用例 7.2.2，试分析在不同催化剂含量下化学反应速率是否有显著差异。

操作步骤：

(1) 启动 INSIGHT 模块，打开数据集 SASUSER.test_722。

(2) 单击 INSIGHT 主窗口内的菜单"分析"→"拟合"，打开如图 10-4-3 所示的"拟合"对话框。将变量"X"进入到 Y 下方的变量框中，将变量"A"和"B"，以及其交叉变量 A*B 选入 X 按钮右侧的变量框中。其中，交叉变量 A*B 的选择过程如下：用户按住 Ctrl 键同时选中变量 A 和 B，单击"叉乘"按钮，则可生成交叉变量 A*B。

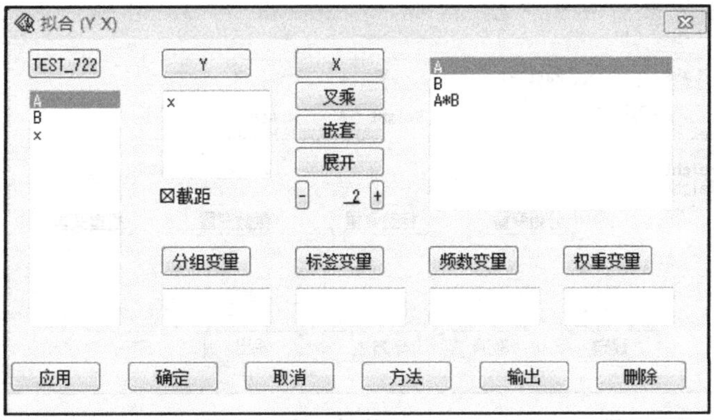

图 10-4-3　INSIGHT 模块的"拟合"对话框

(3) 单击"拟合"对话框中的"确定"按钮，生成的方差分析结果如图 10-4-4 所示。表明催化剂 A 和 B 对反应速率具有显著影响，AB 交互作用没有显著影响。

方差分析

源	自由度	平方和	均方	F 统计量	Pr > F
模型	3	17.2909	5.7636	22.40	<.0001
误差	32	8.2347	0.2573		
C 合计	35	25.5256			

III 类检验

源	自由度	平方和	均方	F 统计量	Pr > F
A	1	3.7349	3.7349	14.51	0.0006
B	1	1.5211	1.5211	5.91	0.0208
A*B	1	0.3203	0.3203	1.24	0.2729

图 10-4-4　双因素方差分析的结果表

10.4.2 相关分析

相关分析的基本概念详见 7.3.1，下面将通过例 10.4.3 演示如何利用 INSIGHT 菜单模块进行相关分析。

【例 10.4.3】 沿用例 7.3.1，以数据集 SASHELP.class 为例，对变量 Age，Height，Weight 进行相关分析。

操作步骤：

(1)启动 INSIGHT 模块，打开数据集 SASHELP.class。

(2)在 INSIGHT 模块下的主菜单中单击菜单“分析”→“多元”，在弹出的“多元”对话框内选中变量“Weight”，单击“Y”按钮，将其选入“Y”按钮下方的变量框中，同时选中变量“Age”和“Height”，将其选入“X”按钮下方的变量框中，如图 10-4-5 所示。

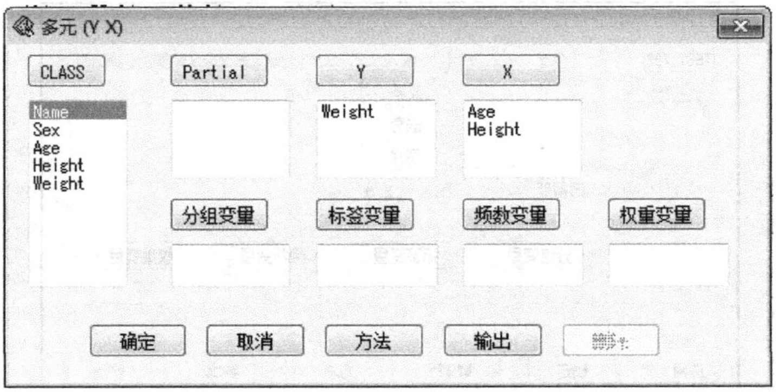

图 10-4-5 INSIGHT 模块下的“多元”对话框

(3)最后单击“多元”对话框中的“确定”按钮，完成相关分析的计算过程。

相关分析的结果：

相关分析的结果包括两张数据计算结果表，分别为图 10-4-6 所示数据的描述性统计分析的结果，从中可以看出 3 个变量的分布特征。图 10-4-7 所示为显示变量相关系数计算结果的表。可以看到 Weight 与 Age 的相关系数为 0.7409，Weight 与 Height 的相关系数为 0.8778。

单变量统计量

变量	N	均值	标准差	最小值	最大值
Weight	19	100.0263	22.7739	50.5000	150.0000
Age	19	13.3158	1.4927	11.0000	16.0000
Height	19	62.3368	5.1271	51.3000	72.0000

图 10-4-6 INSIGHT 模块下相关分析的描述性统计分析

相关系数矩阵		
	Age	Height
Weight	0.7409	0.8778

图 10-4-7　INSIGHT 模块下相关分析结果

10.4.3　回归分析

回归分析的基本概念和分类详见 7.3.2，下面将通过例 10.4.4 和例 10.4.5 演示如何利用 INSIGHT 菜单模块进行一元线性回归分析和多元线性回归分析。

1. 利用 INSIGHT 模块实现一元线性回归分析

【例 10.4.4】 沿用例 7.3.2，以数据集 SASHELP.class 为例，以 Age 为自变量，Height 为因变量建立一元线性回归模型。

操作步骤：

(1) 启动 INSIGHT 模块，打开数据集 SASHELP.class。

(2) 在 INSIGHT 主窗口单击菜单“分析”→“拟合”，打开如图 10-4-8 所示的对话框。选中变量 Age，单击“拟合”对话框中的“X”按钮，将自变量“Age”选入“X”按钮右侧的变量框中。将因变量“Height”选入“Y”按钮下方的变量框中。

(3) 最后，单击“拟合”对话框中的“确定”按钮，执行一元回归分析。

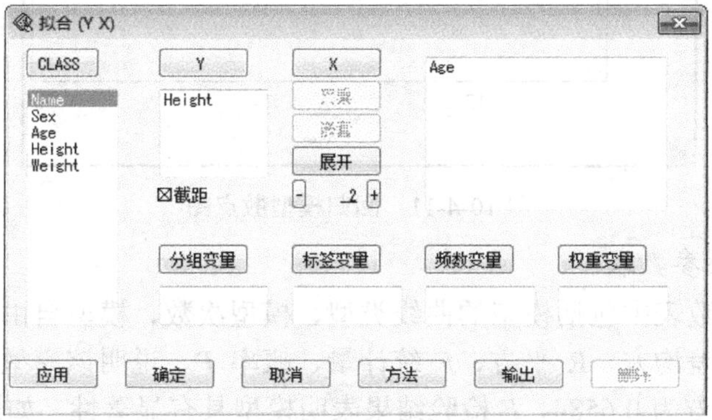

图 10-4-8　基于 INSIGHT 模块的一元回归参数设置

结果分析：

基于 INSIGHT 模块的一元回归分析结果主要包括以下几个部分。

(1) 回归模型的基本信息表

回归模型的基本信息表给出了一元回归模型的基本信息，如图 10-4-9 所示。

- Height=Age：表示构建的模型为一元回归模型，Height 为因变量，Age 为自变量。

- 响应分布：在回归模型中因变量 Height 为响应变量，响应变量的分布为正态分布。
- 关联函数：表示模型中的因变量和数据中的因变量的关系，这里为恒等关系。

(2)回归模型表

回归模型表给出了所建立模型的定量表达式，如图 10-4-10 所示。

Height	=	Age
响应分布:		正态
关联函数:		恒等

图 10-4-9　回归模型的基本信息表

模型方程				
Height	=	25.2239	+	2.7871 Age

图 10-4-10　基于 INSIGHT 模块的回归模型

(3)回归模型散点图

回归模型散点图给出了模型的图形表示，从中可以观察模型各点的线性化程度，如图 10-4-11 所示。

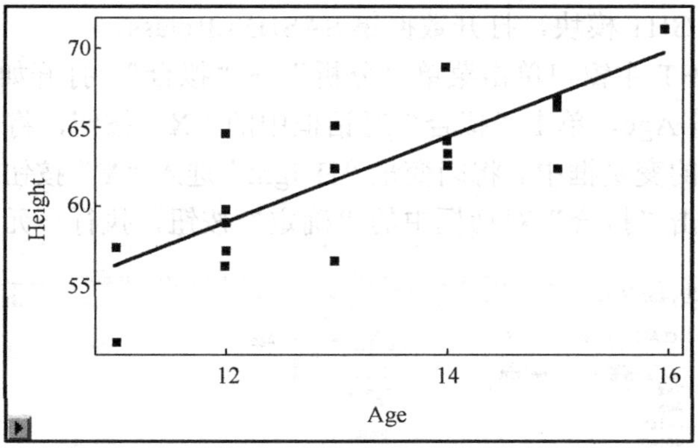

图 10-4-11　回归模型散点图

(4)回归模型参数表

回归模型参数表中包括模型的曲线类型、模型次数、模型自由度、模型均方、误差自由度、误差均方、R 平方、*F* 统计量、概率 *P*。说明该模型的类型为一元回归，模型的 R 平方为 0.6584，*F* 检验结果表明模型具有显著性，如图 10-4-12 所示。

参数回归拟合									
		模型		误差					
曲线	次数（多项式）	自由度	均方	自由度	均方	R 平方	F 统计量	Pr > F
——	1	1	311.5435	17	9.5071	0.6584	32.77	<.0001

图 10-4-12　基于 INSIGHT 模块的回归模型参数表

(5)回归模型拟合汇总表

回归模型拟合汇总表中包括模型的响应变量的均值、均方根误差平方根、R 平方和校正 R 平方，如图 10-4-13 所示。

拟合汇总			
响应变量的均值	62.3368	R 平方	0.6584
均方误差平方根	3.0834	校正 R 平方	0.6383

图 10-4-13　基于 INSIGHT 模块的回归模型拟合汇总表

(6) 回归模型方差分析表

图 10-4-14 所示的结果为回归模型的方差分析表，从中可以看到表中包含 6 列数据，分别为：

- 源，说明方差的来源，包括模型、误差和总和三种来源。
- 自由度，分别统计了模型、误差和总的自由度。
- 平方和，分别为模型平方和、残差平方和、总的平方和，可用于说明各来源方差作用的大小。
- 均方，为平方和除以自由度所得的计算值。
- *F* 统计量，方差分析 *F* 检验的统计量值，该值与模型显著条件下的 *F* 统计量进行比较，确定模型的显著性水平。
- *P* 值，模型的 *P* 值小于 0.0001，说明回归模型显著。

方差分析

源	自由度	平方和	均方	F 统计量	Pr > F
模型	1	311.5435	311.5435	32.77	<.0001
误差	17	161.6207	9.5071		
C 合计	18	473.1642			

图 10-4-14　基于 INSIGHT 模块的回归模型方差分析表

(7) 回归模型检验表

回归模型检验表中包括模型显著性检验的基本信息，回归模型显著，如图 10-4-15 所示。

III 类检验

源	自由度	平方和	均方	F 统计量	Pr > F
Age	1	311.5435	311.5435	32.77	<.0001

图 10-4-15　基于 INSIGHT 模块的回归模型检验表

(8) 回归模型的参数估计表

回归模型的参数估计表给出了模型截距项和斜率的自由度、估计值、标准差、t 统计量、概率值、容差、方差膨胀因子 7 个参数，如图 10-4-16 所示。

参数估计值

变量	自由度	估计值	标准误差	T 统计量	Pr >|t|	容差	方差膨胀因子 (VIF)
Intercept	1	25.2239	6.5217	3.87	0.0012	.	0
Age	1	2.7871	0.4869	5.72	<.0001	1.0000	1.0000

图 10-4-16　基于 INSIGHT 模块的回归模型参数估计表

2. 利用 INSIGHT 模块实现多元线性回归分析

【例 10.4.5】 沿用例 7.3.3，以数据集 SASHELP.class 为例，以 Age 和 Height 为自变量，Weight 为因变量建立多元线性回归模型。

(1)启动 INSIGHT 模块，打开数据集 SASHELP.class。

(2)在 INSIGHT 主窗口单击菜单“分析”→“拟合”，打开如图 10-4-17 所示的对话框。选中变量“Weight”，单击“Y”按钮，将其选入“Y”按钮下方的变量框中；选择变量“Age”和“Height”为自变量，将其选入“X”按钮右侧的变量框中。如果建立的多元回归模型不需要截距项，则这里需要去除“截距”选项，默认情况下建立的多元线性回归模型包含截距项。

(3)单击“拟合”对话框的“方法”按钮，可以设置相关多元回归模型建立的方法，包括响应变量的分布、关联函数和尺度等，如图 10-4-18 所示。

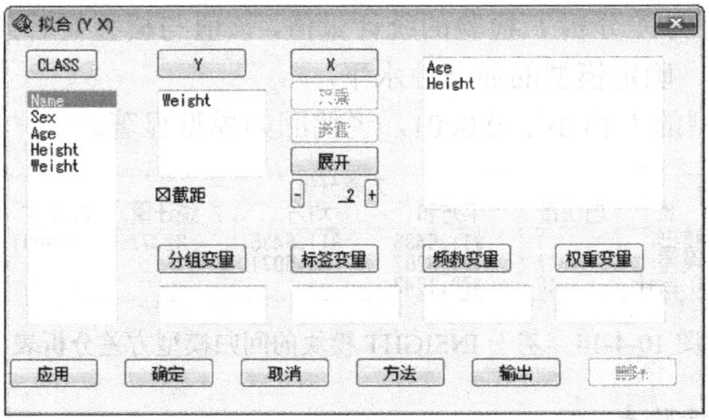

图 10-4-17 基于 INSIGHT 模块的多元回归参数设置

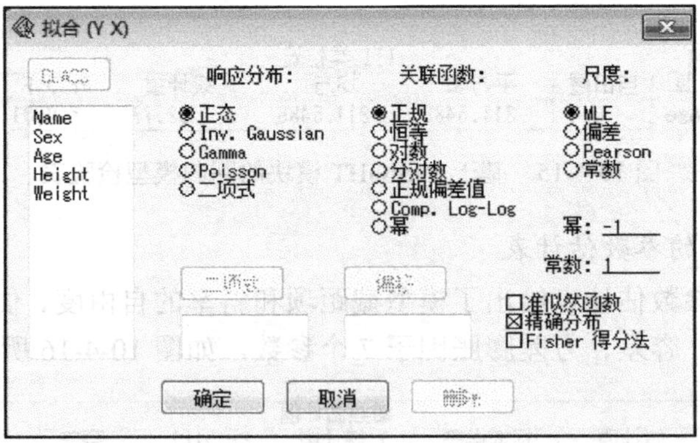

图 10-4-18 基于 INSIGHT 模块的多元回归方法设置

(4)单击“拟合”对话框的“输出”按钮，可以对多元线性回归模型计算的输出参数进行设置，主要包括一些统计表、图的输出，如图 10-4-19 所示。用户选中需要的统计图表，在 INSIGHT 的结果窗口将生成相应的统计结果。

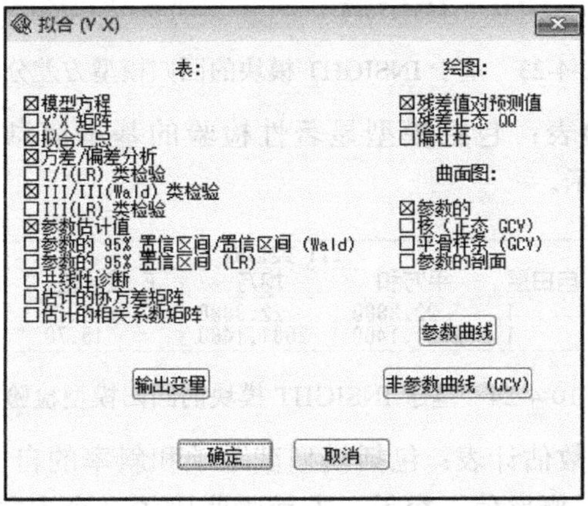

图 10-4-19　基于 INSIGHT 模块的多元回归输出设置

(5)参数设置完毕，返回“拟合”对话框，单击“确定”按钮，将生成如下统计表。

- 回归模型的基本信息表：给出了多元回归模型的基本信息，包括模型形式、响应分布和关联函数，如图 10-4-20 所示。

Weight	=	Age Height
响应分布:		正态
关联函数:		恒等

图 10-4-20　回归模型的基本信息表

- 回归模型表：给出了所建立的多元线性回归模型的定量表达式，本例中的定量模型如图 10-4-21 所示。

模型方程									
Weight	=	-	141.224	+	1.2784	Age	+	3.5970	Height

图 10-4-21　基于 INSIGHT 模块的回归模型

- 回归模型拟合汇总表：包括模型的响应变量的均值、均方根误差平方根、R 平方和校正 R 平方，如图 10-4-22 所示。

拟合汇总			
响应变量的均值	100.0263	R 平方	0.7729
均方误差平方根	11.5111	校正 R 平方	0.7445

图 10-4-22　基于 INSIGHT 模块的回归模型拟合汇总表

- 回归模型方差分析表：包括模型方差的源、自由度、平方和、均方、F 统计量和 P 值，如图 10-4-23 所示。

方差分析					
源	自由度	平方和	均方	F 统计量	Pr > F
模型	2	7215.6371	3607.8186	27.23	<.0001
误差	16	2120.0997	132.5062		
C 合计	18	9335.7368			

图 10-4-23　基于 INSIGHT 模块的回归模型方差分析表

- 回归模型检验表：包括模型显著性检验的基本信息，回归模型显著，如图 10-4-24 所示。

III 类检验					
源	自由度	平方和	均方	F 统计量	Pr > F
Age	1	22.3880	22.3880	0.17	0.6865
Height	1	2091.1460	2091.1460	15.78	0.0011

图 10-4-24　基于 INSIGHT 模块的回归模型检验表

- 回归模型的参数估计表：包括模型截距项和斜率的自由度、估计值、标准误差、t 统计量、概率值、容差、方差膨胀因子 7 个参数，如图 10-4-25 所示。

参数估计值							
变量	自由度	估计值	标准误差	T 统计量	Pr >|t|	容差	方差膨胀因子 (VIF)
Intercept	1	-141.2238	33.3831	-4.23	0.0006	.	0
Age	1	1.2784	3.1101	0.41	0.6865	0.3416	2.9276
Height	1	3.5970	0.9055	3.97	0.0011	0.3416	2.9276

图 10-4-25　基于 INSIGHT 模块的回归模型参数估计表

- 回归模型的诊断图：给出了模型预测值与残差的散点图，如图 10-4-26 所示。

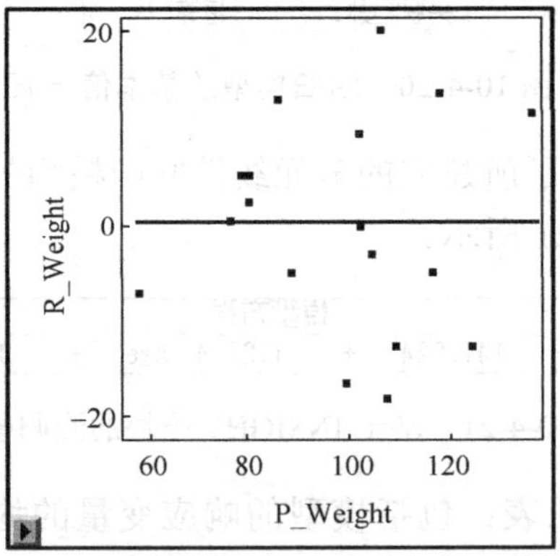

图 10-4-26　基于 INSIGHT 模块的回归模型的诊断图

10.5　本 讲 小 结

本讲重点介绍了如何利用可视化的数据探索工具 INSIGHT 模块进行简单的统计分析。介绍了如何在此模块下进行描述性和推断性统计分析。如参数估计、假设检验、方差分析、相关分析、回归分析等。INSIGHT 模块的操作与编程法相比也较为简单。

参 考 文 献

[1] 何宁, 吴黎兵, 等. 统计分析系统 SAS 与 SPSS. 北京: 机械工业出版社, 2008.

[2] 胡良平. SAS 常用统计分析教程. 北京: 电子工业出版社, 2015.

[3] 姚鑫锋, 王薇, 等. SAS 统计分析实用宝典. 北京: 清华大学出版社, 2013.

[4] 汪海波, 罗莉, 等. SAS 统计分析与应用——从入门到精通. 北京: 人民邮电出版社, 2013.

[5] 朱世武. SAS 编程技术教程. 北京: 清华大学出版社, 2007.

[6] 高惠璇, 等译. SAS 系统 SAS/STAT 软件使用手册. 北京: 中国统计出版社, 1997.

[7] 汪远征, 徐雅静. SAS 软件与统计应用教程. 北京: 机械工业出版社, 2007.

[8] 邓祖新. SAS 统计系统和数据分析. 北京: 电子工业出版社, 2001.

[9] 蔡建平, 朱秀萍, 等. SAS 社会统计实用教程. 北京: 清华大学出版社, 2006.

[10] SAS/STAT 9. 2 User's Guide. SAS Institute Inc. , Cary, NC, USA. 2008.

[11] Base SAS 9. 2 Procedures Guide: Statistical Procedures. SAS Institute Inc. , Cary, NC, USA. 2008.

[12] Lora D. Delwiche , Susan J. Slaughter. The Little SAS Book: A Primer, Fourth Edition. SAS Institute Inc. , Cary, NC, USA. 2008.

[13] Michelle Buchecker, Sarah Calhoun. SAS Programming I: Essentials Course Notes. SAS Institute Inc. , Cary, NC, USA. 2001.

[14] Jemshaid Cheema, Melinda Thielbar. SAS Programming II: Manipulating Data with the DATA Step Course Notes. SAS Institute Inc. , Cary, NC, USA. 2004.

[15] Kuhfeld, Warren F. Statistical Graphics in SAS: An Introduction to the Graph Template Language and the Statistical Graphics Procedures. SAS Institute Inc. , Cary, NC, USA. 2010.

反侵权盗版声明

举报电话：（010）88254396；（010）88258888
传　　真：（010）88254397
E-mail：　dbqq@phei.com.cn
通信地址：北京市海淀区万寿路 173 信箱
　　　　　电子工业出版社总编办公室
邮　　编：100036